Marco Girolamo Vida

Die Seidenraupe - Ein Lehrgedicht des Hieronymus Vida

Lateinisch und deutsch

Marco Girolamo Vida

Die Seidenraupe - Ein Lehrgedicht des Hieronymus Vida
Lateinisch und deutsch

ISBN/EAN: 9783743411364

Hergestellt in Europa, USA, Kanada, Australien, Japan

Cover: Foto ©Thomas Meinert / pixelio.de

Manufactured and distributed by brebook publishing software (www.brebook.com)

Marco Girolamo Vida

Die Seidenraupe - Ein Lehrgedicht des Hieronymus Vida

Die Seidenraupe,

ein Lehrgedicht des Hieronymus Vida,

lateinisch und deutsch

herausgegeben

von

Professor Dr. Hoffmann,

Oberlehrer am Gymnasium zu Neisse.

Vorwort.

Bei dem erfreulichen Aufschwunge, welchen der Seidenbau in Folge der von der Königlichen Regierung wohlwollend unterstützten verdienstlichen Bemühungen des Vereins zur Beförderung dieses Kulturzweiges in der Provinz Schlesien seit einigen Jahren genommen hat, schien es dem Unterzeichneten an der Zeit, das wenig gekannte und meines Wissens noch niemals übersetzte Lehrgedicht von Hieronymus Vida (geb. 1470 zu Cremona, gest. 1566), welches unter dem Titel „Bombyx" unter den in der Antwerpener Ausgabe von 1567 und vorliegenden lyrischen und didactischen Dichtungen dieses geschätzten Neu=Lateiners eine vorzügliche Stelle einnimmt, seiner unverdienten Vergessenheit zu entreißen und dem Kreise des für die Seidenkultur sich interessirenden Publikums zugänglich zu machen. Abgesehen von dem Interesse, welchen der Kenner der neulateinischen Literatur an der formalen und ästhetischen Auffassung und Behandlung eines so spröden und für den Dichter schwierigen Stoffes nimmt, zumal da den damaligen Zeitverhältnissen nach die Aufgabe in einer fremden Sprache gelöst werden mußte, bietet die Schrift auch dem Freunde des Seidenbaues Gelegenheit, den damaligen Stand und Betrieb dieses Industrie=Zweiges kennen zu lernen, welcher schon im 16. Jahrhunderte für Italien eine ergiebige Quelle des National=Wohlstandes war. Allerdings enthält das Gedicht, wie dies nicht anders sein kann, neben sehr vielem Guten und Vorzüglichen, auch eine Menge Dinge, welche die heutige Praxis verwirft und ebenso vieles Mythische, indeß behält auch dieses wenigstens historischen Werth und zeichnet den Charakter der damaligen Literatur so wie die Kulturstufe des Volkes und Zeitalters, welchem der Dichter angehört. Ueber die Lebensverhältnisse und Schriften des Verfassers „der Seidenraupe" verweise ich auf meine Schrift: Thomas von Aquino, der Heilige und Philosoph, ein Muster christlichen Lebens und Denkens. Ein Hymnus von Hieronymus Vida, im Versmaße des Originals übersetzt und eingeleitet von Dr. Hoffmann, Oberlehrer am Gymnasium zu Neisse. S. 5 f.

Was die Uebersetzung betrifft, so habe ich danach gestrebt, das Original sinn=, wort= und versgetreu wiederzugeben, ohne dem Genius unserer Sprache Gewalt anzuthun, und, so weit dies möglich, ohne dem Leser fühlbar werden zu lassen, daß es eine Uebertragung ist.

M. HIERONYMI VIDÆ CREMONENSIS BOMBYX.

Liber I.

Quos mores, quas aut parvis reptantibus artes
Juppiter addiderit, quæ fila tenacia Serum
Ore vomunt saturæ, vos mecum evolvite Nymphæ
Seriades. Vos lanifici gregis aurea nostis
Munera, quæ pater Italiæ prior intulit olim
Serius huc patriis Serum devectus ab oris.
Tuque ades, et nostro succurre Isabella labori
Nympha Padi in ripa magnis e regibus orta,
Quæ gentem pulchra auxisti pulcherrima prole
Gonsagam, exiguis ades huc non aspera cœptis.
Et vos o placidæ properate, ubi quæque puellæ.
Vestrum opus hoc, vestros faciles hic discite cultus.
Id tineæ in silvis multis volventibus annis
Gentibus ignotum vixit genus, aurea frustra
Edebant opera umbriferis pendentia ramis.
Nam pluviæ, lateque immites omnia venti
Vastabant, tenui nec honos nec gloria filo
Ulla erat, in silvis ceu quondam more ferarum
Degebant homines antiquo robore nati.
Nondum urbes, nondum certos gens dura penates
Noverat aut ullas vitam excoluisse per artes.
Verum postquam homini divini est muneris usus
Traditus: in tectis atque intra septa domorum
Silvestres tineas alere atque impendere curam
Cœpit, opes multi hinc ad summas emersere.
Quamvis esse aliquas etiam nunc fertur in oris
Longe aliis gentes, quæ nondum in tecta relatas
Per lucos errare sinunt, nulloque labore
Fila suo carpunt oneratis mollia ramis.
Namque malo assuetæ arboribus frondentibus illæ

Die Seidenraupe,

ein Lehrgedicht nach dem Lateinischen des Hieronymus Vida.

———

Welches Leben und Weben den kleinen Geschöpfen verliehen,
Deren Mund ausspinnet die schmiegsamen Fäden der Seide,
Das enthüllet voll Huld mir anitzt, o Serische Nymphen!
Ihr ja kennet die goldenen Gaben des spinnenden Schwarmes,
Welche der Vater zuerst einst nach Italien brachte,
Später verpflanzet hieher aus den heimischen Fluren der Serer.
Du auch stehe mir bei Isabella und meinem Bemühen,
Die du am Ufer des Po, von mächtigen Fürsten entsprossen,
Hast Gonzaga's Geschlecht mit lieblichen Kindern gesegnet;
Holde Mädchen herbei zu mir, wo immer ihr weilet,
Stoff zum Schaffen ist hier und Schmuck für schaffende Händ' auch!
Lange Jahre hindurch einst lebte im bergenden Urwald
Dieses Raupengeschlecht, von dem die Völker nicht wußten,
Spinnend umsonst ihr goldenes Werk an schattige Aeste;
Alles wurde zerstört von Sturm und schlagendem Regen.
Und da ehemals lebten die Menschen wie Thiere im Walde,
Ging das feine Gespinnst ganz unbeachtet verloren.
Noch nicht kannte ja Städte die wildaufwachsende Menschheit
Noch in schirmender Wohnung des Lebens feinere Bildung.
Aber sobald sie erkannt den Nutzen der göttlichen Gabe,
Fingen sie an zu pflegen die Raupen in bergenden Häusern
Und gar viele gelangten durch Fleiß zu mächtigem Reichthum.
Doch auch jetzt noch sollen in weitentlegener Gegend
Manche Völker sie halten freischwärmend im grünenden Walde
Und mühlos abnehmen das weiche Gespinnst von den Bäumen,
Abgehärtet ernähren sie sich von grünendem Laube
Und gesättiget von den zartesten Blättern des Waldes
Gehen von selbst sie ans Werk; nicht schaden die wehenden Winde,
Noch die Güsse des Regens vorhergesehen gar klüglich:
Denn sobald sie bemerkt, daß Wolken am Himmel sich bilden

Pubentes silvas, et quæque tenerrima carpunt,
Injussæque instant operi. Non horrida multum
Flabra nocent, neque provisi prudentibus imbres.
Quippe ubi senserunt in nubes aëra cogi,
Diffugiunt trepidæ, foliisque sub omnibus hærent,
Securæque hyemis velut alta ex arce sonantes
Accipiunt Austros, pulsataque robora nimbis.
Sed tu ne, moneo, in silvis permitte vagari
Incustoditas, nec curam adhibere recusa
In tectis. Hujus non gratia parva laboris.
Haud longum tempus fluet, et jam stamine multo
Dives eris, filoque ibis spectabilis aureo.
Principio ne te lateat quæ tradita agendæ
Sint illis vitæ spatia. Brevis omnibus ætas,
Vix ulli Lunæ completur tertius orbis,
Et nunquam ex sese prolem videre creatam.
Intereunt omnes, pecus occidit omne quotannis,
Et cunctam evertunt fera fata ab origine gentem.
Immortale tamen restat genus his, neque morti
Est penitus locus, æternum nam semina durant.
Ceu quondam silvæ si forte aut frigore diro,
Aut æstu arescant summæ, tamen abdita quædam
Vitalis superat vis in radicibus imis,
Et trunco exciso nova vere repullulat arbos.
Non secus extinctis bombycibus annuus ortus
Usque nova in regnis proles succedit avitis.
Ne vero ante diem, sed tempestiva creata
Sit soboles, veto ne revoces in luminis oras
Progeniem extinctam, attonsis cum gramina campis
Nondum ulla, aut frondes apparent arbore nullæ.
Ante nova incipiat morus revirescere silva,
Neve fames teneris, neve obsint frigora alumnis.
Ipsi etiam morum agricolæ, ne tempora fallant,
Observare solent, nam cum sese illa virentem
Induit in frondem, nostris tum protinus oris
Excessisse hyemem, et manes abiisse sub imos
Nil dubitant, nec sæva ultra pecorive satisve
Frigorave glaciemve timent, canamve pruinam.
Præterea tibi Lunai gelidæ incrementa
Sunt servanda senescentis fuge tempora læva.

Fliehen in Angst sie sofort und bergen sich unter die Blätter
Und erwarten geborgen gleichwie von schirmender Burg aus
Sausende Winde und Feld und Wald durchtosende Wetter.
Doch dir geb' ich den Rath, laß nicht im Walde sie schweifen
Unbewacht, es versäumend in Dach und Fach sie zu bergen.
Denn nicht kleinen Gewinn wird diese Bemühung dir tragen.
Denn es dauert nicht lange, so bist zu reich an Gespinnst und
Schreitest einher stolz prangend und glänzend von köstlicher Seide.
Erstens mußt du beachten die Lebensdauer der Raupen,
Welche die Mutter Natur gar kurz nur ihnen verliehen.
Kaum drei Monden erfüllen die meisten, schauen auch nimmer
Junge von ihnen erzeugt, zum Leben sich wiedergebärend.
Alle sterben dahin und jährlich schwindet die Brut ganz
Und ein grauses Geschick rafft hin die ganze Bevölk'rung.
Unvergänglich indeß bleibt fort und fort das Geschlecht doch
Nimmer vergehend im Tode, denn ewig dauert der Saame.
Wie wenn Bäume im Walde absterben von grimmiger Kälte,
Oder vor Dürre vertrocknen, doch lebet tief in den Wurzeln
Treibende Kraft annoch zu neu aufkeimendem Leben,
Ist auch gefallen der Baum, so grünet im Lenze der Stock doch,
Also folget ein jährig Geschlecht nach dem Tode der Väter,
Neu verjüngend sich stets und fort und fort sich erneuend.
Doch ja nicht vor der Zeit, es muß zur richtigen Stunde
Sprossen die Brut, auch mögest du nicht ins Leben sie rufen
Wenn kein Gras auf dem Felde noch steht im zeitigen Frühling,
Oder wenn noch die Kälte im Forste die Blätter zurückhält,
Auf daß Hunger nicht etwa und Frost den Neulingen schade,
Ehe noch sprießet der Maulbeerbaum im grünenden Walde.
Selber der Landmann pflegt den Maulbeerbaum zu beachten:
Denn wenn jener sich endlich im wärmenden Hauche des Frühlings
Schmücket mit festlichem Grün, dann kann wohl Keiner mehr zweifeln,
Daß aus unserer Gegend geflohen der starrende Winter,
Und zerschmelzend das Eis sich im Schooße der Erde geborgen.
Fortan fürchtet man auch nicht mehr das Gestöber der Flocken,
Noch erstarrenden Reif für die keimende Saat und die Heerden,
Ferner beachte genau, wenn der Mond sich befindet im Wachsthum,
Und wähl' nimmer, befolge den Rath, die Zeit, wo er abnimmt.
Dann auch frommet es nicht, wenn der Mond aus wogenden Fluthen
Eben erst stieg und mit bleichem Gesichte zur Erde herabschaut,
Wenn er mit schmächtiger Sichel die leeren Gefilde durcheilet,

Nec tum etiam liquidis cum sese nuper ab undis
Extulit Oceani, pallentesque humida vultus
Ostendit gracili incedens per inania cornu,
Utile erit teneros ovis excludere fœtus.
Expecta cum plena animis, cum lumine largo
Solis ab igne tumens, altumque per æthera recta
Carpit iter, fratremque audet se attollere contra.
Tum fas fœturæ, tum justum incumbere tempus,
Quandoquidem validas crescenti a lumine vires
Semina concipiunt genitalia, tum favet æther,
Majoremque trahunt nascentia membra vigorem.
Quo foveas autem pacto, mos ipse fovendi
Haud simplex. Sunt quæ calido sub Sole relinquunt
Ova, recens donec fœtus in luminis auras
Prodierit. Tu conde sinu velamine tecta.
Nec pudeat roseas inter fovisse papillas,
Si te tangit honos, et flavi gloria fili.
Cumque dies, alterque dies processerit, ecce
Cernere erit formis animantia fervere miris.
Ante opus omne tamen pete matutina Deorum
Limina ferque preces supplex, Divisque litato
Auspicibus cunctorum operum, cum mane sacerdos
Sinceram Cererem, et Lenæum libat honorem.
Nec non lanicii florem velamina prima
Suspendes templis. Avertunt omnia fœtu
Munere placati superi mala, frigora et æstus.
Et quæ multa solent bombyci instare pericla.
Interea populis sedes et tecta futuris
Ipsa novare jube, tabulataque victa senecta.
Non aptæ sine sole domus, sine luce penates.
Sed duplices recta lumen regione fenestræ
Admittant, quarum surgentes altera Phœbi
Spectet equos fessos contra altera, jamque cadentes,
Tum vitri pellucentes opponere quadras
Hinc atquæ hinc jubeo, lini aut firmissima texta.
Ut neque concutiant venti, neque nubila nimbis
Conspergant, obsitque intus penetrabile frigus.
Nec postrema fuit cautis prætendere cura
Retia rara. Avium insidias et callida furta
Averte, illudit passer custodibus olim

Daß du die weichliche Brut aus den Eiern zu lassen dir vornimmst.
Warte daher, bis voll geworden mit reichlichem Lichte
Er von den Strahlen der Sonne erhellt, durch den mächtigen Aether
Richtet den Lauf und es wagt, gegenüber dem Bruder zu stehen.
Dann erst nahet die Zeit der Geburt, dann magst du beginnen,
Wenn von dem wachsenden Lichte befruchtet der Saame empfangen
Steigende Kraft für die Brut, dann ist auch günstig der Himmel,
Und die entstehenden Glieder erblühen in größerer Stärke.
Wie zu hegen die Eier? Die Kunst mit Erfolg sie zu pflegen
Ist nicht so einfach ganz; am Strahle der wärmenden Sonne
Lassen sie manche, bis daß die Brut zum Lichte geboren;
Wärme sie schlimmsten Falls mit Liebe am eigenen Busen
Und nicht darfst du dich schämen an rosiger Brust sie zu hegen,
Wenn dich die Ehre bewegt und der Ruhm des gelben Gespinnstes,
Denn wenn dreimal und viermal die Erd' um die Achse gedreht sich,
Siehe, da hudelt's und wudelt's in wunderlich kleinen Gestalten.
Doch vor jeglichem Werk geh' hin zum Tempel des Höchsten
Frühe und bete allhier mit herzerhebender Inbrunst
Zu dem himmlischen Vater, von welchem ja kommet der Segen,
Wenn am Morgen der Priester im Brote und Weine ihm opfert.
Auch versäume doch nicht die Blüthe des ersten Gewebes
Aufzuhängen im Tempel; dann werden die Götter in Gnaden
Wenden verzehrende Hitze und Kälte und alle Gefahren,
Welche so oft ja bringen Verderben den fleißigen Thierchen.
Dann erneue die Wohnung den stets sich mehrenden Schwärmen
Und ersetze durch frische die morsch gewordenen Tafeln.
Nicht auch taugen für sie im Schatten gelegene Häuser,
Sondern Fenster vielmehr, gegenüber einander gelegen,
Mögen das Licht einlassen, von denen das eine von Osten
Und vom Westen das andre die Strahlen der Sonne empfange.
Ferner auch rathe ich dir, die schirmende Wand zu versehen
Sei's durchsichtig mit Glas sei's festdurchwobenem Linnen,
Daß nicht etwa der brausende Sturm noch fallende Regen,
Noch auch leicht eindringende Kälte den Neulingen schade.
Auch erheischet die Vorsicht davorzustellen ein Netz, daß
Vögel nicht etwa zum Fraß sich holen die spinnenden Raupen.
Oft schon täuschte der Sperling, der dreiste, die hütenden Wächter,
Oft auch andere Vögel mit helmbuschähnlicher Haube.
Mörderisch dringen sie ein und fressen mit gierigem Schnabel,
Ach! versenkend in lebende Gräber die lebenden Thierchen.

Improbus, illudit cortis cristata volucris.
Dant stragem passim rostris immitibus, implentque
Ingluviem, ac vivo viva abdunt corpora busto.
Nec, quibus est, tineæ felicis copia multa,
Parietibus sedem affigunt. Sed quatuor æquis
Tectorum in medio erectis hinc inde columnis
Plurima suspendunt tabulata,. aulæque per altos
Surgunt mille gradus, digestæque ordine sedes.
Tuque etiam, variæ ut nequeant irrepere pestes,
Parietis antiqui vitium ne neglige segnis.
Sed calce, aut creta linito, atque angusta viarum
Quæque timemus sæpe cavis sese abdidit imis
Luce latens, at cum in tenebris cinis occulit ignem
Sopitum, indulgetque gravi custodia somno,
Improbus egreditur tutis ad furta latebris,
Et citus irreptat tabulis, sævitque per omnes
Cæde madens aulas, prædamque avertit ab altis
Porticibus satur, atque cavis epulatur in antris.
Molire insidias, deceptum carcere claude,
Ignarusque doli ipse sibimet vincula nectat,
Dum petit ostensam confidentissimus escam.
Quædam etiam trabibus, quibus omnis machina rectis
Nititur, auxiliantur, et imas sentibus armant
Sentibus et tribulis, ac juniperi hirsutæ
Vulnificos addunt gladios, circum undique ut hostis
Indeprensus eat saltem per vulnera mille,
Nec referat captam multo nisi sanguine prædam.
Verum age vix tenebras pepulit lux tertia rebus,
Ecce sinu incipiunt tepido calefacta moveri
Semina, jam visenda novis animalia formis
Irrepunt, passimque albis mantilibus errant.
Ne vero jam tum hæc thalamis sublimibus infer.
Exiguus primum capiet sobolem locus omnem:
Corpora deinde auctæ cunabula prima relinquent.
Tum cunctam in populos, in vicos divide gentem.

Auch vermeide die Wände, wo hausen nagende Würmer,
Wenn du bereitest die Wohnung. Errichte inmitten der Halle
Viere der Säulen von hier und von da sich gleichend an Länge
Und verbinde dieselben durch fächerbildende Tafeln,
Die aufsteigen in Stufen und wohlgeordneten Reihen.
Auch beachte du wohl den Schaden der alternden Mauer,
Daß Verderben nicht nahe in allen Gestalten den Raupen,
Sondern verschmiere bei Zeiten mit Kalk die klaffenden Ritze
Und wo Löcher sich bilden; gar oft schon barg sich ein Mäuschen
Scheuend bei Tage das Licht, doch wenn am Abend das Feuer
Ausgegangen bereits, noch glimmend unter der Asche,
Und einnicket der Wächter, da schleichet hervor es beweglich
Aus dem sichern Versteck ausgehend auf lockende Beute,
Kriechet geschwind auf die Bretter und morbet auf allen Getäfeln,
Stillend den nagenden Hunger, und wenn sie den Magen gesättigt,
Schleppt sie hinweg noch Beute, im hohlen Versteck sie verzehrend.
Fange sie weg in Fallen die listige listig berückend,
Und nicht ahnend den Trug mag selber sie Banden sich flechten,
Während sie, sicher gemacht, dreist schnappt nach lockender Speise.
Manche errichten auch Balken, zu stützen das ganze Gerüste,
Und versehen sie unten mit stachlichten Dornen und Hecken;
Fügen hinzu auch verwundende Spitzen des rauhen Wachholders,
Daß, obgleich nicht gefangen, doch rings sich verwunden die Feinde,
Und mit vielem Verlust an Blut nur rauben die Beute.
Aber wohlan kaum entwich am dritten Tage das Dunkel
Sieh! da beginnen erwärmt sich zu regen die brütenden Eier
Und es kriechen herum, zu schauen in neuen Gestalten,
Schwarzbehaarete *) Thiere nnd irren umher auf den Tafeln.
Aber noch bringe sie nicht in ihre hohe Behausung;
Erst mag sämmtliche Brut im engen Raume sich drängen,
Wenn sie gewachsen, dann nimm sie heraus aus der Wiege der Kindheit,
Theile das ganze Geschlecht gesondert in Stämme und Völker,
Und vertheile sie dann in abgesonderte Reiche;
Aber nicht einmal nur; so oft du bemerkt, daß zu enge
Für sie alle der Raum, indem sie wachsen an Umfang,

---

*) Hier ist dem Verfasser ein Irrthum begegnet, indem er die jungen Raupen „weiß" nennt, obgleich sie in der That fast ganz schwarz und behaart sind.

Divisasque dabis sedes, secretaque regna.
Nec satis hoc semel. At quoties his arcta videbis
Esse domus spatia, augentur dum corpora cuique,
Has toties legere, inque novas diducere sedes
Ne dubita, donec tabulas impleveris omnes.
Nec tamen interea parvas non pascere oportet.
Ut primum hauserunt coeli auras, pabula poscunt.
Assuescunt jam tum dapibus, mensasque requirunt.
Sed prodest, nondum thalamos experta puella
Prima manu teneras forsan si pascat alumnas.
Primam autem mori pubem, atque tenerrima semper
Quæque legunt, dum grex tener est, atque inscius ævi.
Continuo veterum veluti memor ille parentum
Agnoscit vescas frondeis, ipsasque recentes
Deposcit. Nam si plenis serventur in horreis
Hesternæ, dulcis succi corrumpitur aura,
Et sapor ingratus subit, atque inamabilis haustu.
Mane petunt igitur silvas, et quaque reportant
Pabula lecta die famulæ, gratumque laborem
Sortitæ inter se folia illibata canistris
Expediunt, legit illa, domum fert altera lecta,
Instaurant aliæ mensas, epulasque ministrant.
Pabula larga superjaciunt pecus omne tegentes.
Protinus emergunt tineæ folioque jacenti
Victrices super assistunt, omnisque juventus
Vescitur, atque avidæ dapibus implentur opimis.
Fit strepitus, longe qualem olim sæpe solemus
Cum pluit, in tecto clausis audire fenestris.
Nec mora nec requies, properant, et grandia morsu
Attondent folia emensæ, redeuntque, iterumque
Incumbunt, longam nequeunt explerier alvum,
Dum superant frondes, et plenæ pabula mensæ.
Tuque ideo parcis epulas moderare canistris,
Terque die tantum pasces, nam prodiga cunctam
Si frondem simul effundas, sine more, dapesque
Accumules, mensasque oneres, avertitur ultro
Ingratam saturum morum pecus, atque repente
Ipsa parit largi fastidia copia victus.
Paulatim invita, metuant sibi pabula semper
Deficere expectentque dapes. Prius injice ludens

So oft sondere sie, nicht säumend die Wohnung zu weitern,
Bis du sie sämmtlich gefüllt die hochaufsteigenden Fächer.
Aber vergiß nicht zu füttern indeß die kleinen Geschöpfe;
Denn sobald sie nur athmen, verlangen auch Nahrung alsbald sie
Und gewöhnen schon jetzt sich ans Futter und kommen zum Mahle.
Aber es ist zu empfehlen, wenn ein jungfräuliches Mädchen
Die noch zarten Geschöpfe zuerst mit Futter versorget;
Während noch zart und jung die Heerde, da fressen sie gerne
Erstlingsblätter und zarteres Laub des sprossenden Maulbeers
Und als hätten gelernt sie's schon von kundigen Vätern
So erkennen sie gleich eßbares Laub und verlangen
Immer das frischeste nur, denn was von gestern verwahrt wird,
Dem entschwindet gar bald der Duft des lieblichen Saftes
Und es widert sie an das fade schmeckende Welklaub.
Frühe am Morgen entsende zum Walde die dienenden Mägde,
Maulbeerblätter zu holen und heim zu tragen in Fülle;
Während die eine in Körbe das Laub häuft, tragen's die andern
Heim zur Wohnung und schütten es aus, das Mahl zu bereiten,
Reichlich spendend das Futter und sämmtliche Brut überdeckend;
Siegreich kriechet empor und schmaust die sämmtliche Jugend,
Und mit begieriger Hast verzehrend die duftigen Blätter
Rascheln und rauschen sie kriebelnd und wiebelnd, wie wenn der Regen
Niederfallend in Strömen anschlägt an die schließenden Fenster.
Und nicht ruhen und rasten die gierig fressenden Thierchen,
Bis sie den mächtigen Haufen verspeist der mundenden Blätter,
Wieder und wieder abweidend die rückgebliebenen Reste,
Bis sie geleeret den Tisch und kahl gefressen die Stiele.
Deshalb lange mit Maß hervor aus schwellenden Körben,
Daß ausreiche das Futter zu dreifachem Mahle des Tages;
Denn wenn, Alles zumal verschüttend, die Körbe du leerest
Und verschwendend in Masse die Tische mit Futter bescheerest,
Wird Uebersättigung bald erzeugen widrigen Ekel,
Daß sie verschmähen das sonst willkommene Futter des Maulbeers.
Lade allmählig sie ein und laß sie warten auf's Futter,
Daß in Furcht sie gerathen, es fehle an nährenden Blättern,
Dann wirf spielend ein Blatt, um welches sie gierig sich zanken;
Gleich werden alle gespannt wetteifern, die Beute zu fassen
Und gleichmäßig erwachen gewaltige Gierde zum Fraße;
Dann erst schütte das übliche Mahl aus mäßigen Körben,
Bis sie gestillt die Begier des Magens nach mundender Speise.

Frondem unam, ac certare sine, illæ protinus omnes
Arrexere animos cupidæ, prædamque capessunt
Certatim, pariterque ingens subit ardor edendi.
Tum demum solitas epulas effunde canistris,
Dum dapis optatæ fuerit compressa libido.
Sed ne longa fames noceat tamen aspice prudens,
Dum nimium differs epulas, et gaudia mensæ.
Nam soliti impastis si desit copia victus,
Nulla mora est, miseras macies deformat iniqua,
Pabula deinde parum exhaustis duplicare juvabit,
Et vix longa dies lapsas in pristina reddet.
Dira fames adeo nocet, ac penuria edendi.
Quin etiam haud parvi mutari pabula refert.
Est bicolor morus, bombyx vescetur utraque.
Utraque grata illi, cui vero assuerit, eandem,
Nigra albensve fuat, nullo discrimine amabit,
Quamvis Ausoniis laudetur nigra puellis.
Forte etiam si deficiant folia omnia mori,
Et subito silvæ (Di talem avertite casum)
Thisbææ arescant nimio æstu, aut frigore, quæris
Quasnam tum, pereant ne res tibi funditus omnes,
Bombyci jubeam legere, et summittere frondes?
Orandi superi, eveniant ne talia nobis.
Si tamen urgeris, conscendat robora pastor
Ulmea per silvas et summa cacumina carpat.
His etenim arboribus multum est affinis origo.
Jamque ideo agricolæ morum didicere per agros
Inserere umbrosæ ramis ingentibus ulmi,
Et steriles silvæ nunc dant bicoloria mora.
Sunt aliæ, quæ, si fœtus sibi nascitur ante
Quam Thisbæa novis adolescat frondibus arbos.
Urticamque, rubosque legunt, dum plurimus humor
Vere subest. At tu teneris tunc parce puellis,
Crura, manusque arment facito, nec robora dura
Ascendat, permitte in silvis innuba virgo.
Verum operum patiens anus, et cui durior annis
Sit cutis (ingratæ facilis jactura senectæ)
Munere fungatur tali, ne forte quis altis
Egressus silvis Satyrorum e gente procaci
Suspiciat, teneræque pudor notet ora puellæ.

Doch vorsichtig verhüte, daß zehrender Hunger nicht schade,
Während du allzulang aufschiebst die Freude des Mahles.
Denn, läßt darben du sie aus Mangel gewohnter Nahrung,
Magern sofort sie dir ab und kränkeln an zehrender Schwindsucht,
Und nichts würde dann helfen den Siechen verdoppeltes Futter,
Und kaum längere Zeit herstellen die schwächlichen Raupen.
So sehr schadet der Hunger, der grause, und Mangel an Nahrung.
Ja auch Wechsel des Futters wird oft nicht wenig dir nützen.
Zweierlei Maulbeer giebt's und beide wird mögen die Raupe,
Beide sagen ihr zu; doch wenn sie an einen gewöhnt ist,
Sei es der schwarz' oder weiße, so wird sie gedeihen bei selbem,
Wenn auch Italiens Mädchen den Vorzug geben dem schwarzen.
Sollten einmal ausgehen dir sämmtliche Blätter des Maulbeers
Und (es mögen verhüten die Götter solcherlei Nothfall!)
Plötzlich sterben die Bäume an Frost oder dürrender Hitze:
Was dann machen, so fragst du, damit nicht alle verderben,
Was für laubiges Grün ist dann den Raupen zu geben?
Bete zuerst zu den Göttern, daß nie dir solches begegne,
Wirst aber doch du bedrängt, so steige ein kräftiger Hirte
Auf zum Wipfel der Ulme und streife das äußerste Laub ab.
Denn am nächsten verwandt mit dem Maulbeerbaume ist diese.
Deshalb lernte auch schon der Landmann, auf den Gefilden
Zwischen die Maulbeerbäume zu pflanzen die schattige Ulme,
Und es tragen die Wälder hinfort nun doppelte Nahrung.
Auch giebt's anderes Laub, wird eher die Brut dir geboren,
Als sich der Maulbeerbaum und die Ulme von neuem bekleiden.
Nesseln und Brombeergezweige sind gut, so lange sie saftig;
Aber, ich bitte, verschone damit die zarteren Mädchen,
Laß vorsichtig sie auch die Hände und Füße verhüllen,
Noch gestatte, daß auf die Bäume steige die Jungfrau,
Sondern ein alterndes Weib, die schon durch Jahre gehärtet,
(Leichter verschmerzen wir ja den Verlust des gebrechlichen Alters)
Möge verrichten solch' Werk, daß nicht hervor aus dem Dickicht
Irgend ein lüsterner Bursch durch die Zweige des Baumes emporblickt,
Und Schamröthe die Wangen der züchtigen Maid übergieße.
Unter die ersten der Sorgen gehört, daß trocken das Futter
Immer sie sammeln und nicht die Wälder triefen von Regen
Oder von nächtlichem Thau. Denn oftmals wurde ein Gift schon
Nässende Feuchtigkeit für die so zärtlichen Raupen.
Niemals mögen daher sie im Schweigen der nächtlichen Stunden

Illa quoque inprimis cura est ut pabula semper
Sicca legant, nullaque fluant aspergine silvæ
Aut pluviæ, aut roris nocturni. Quippe venenum
Sæpe fuit quamvis tenuis bombycibus humor.
Numquam igitur, cum nox horis silet intem pestis,
Accedant silvam. Expectent dum gurgite Heoæ
Tethyos exierit, sursumque eduxerit omnem
Collectum noctis humorem purpureus Sol,
Et jam treis scandens supera alta peregerit horas.
Quod si forte etiam fuerit tunc humida silva,
Ut potes, e foliis stillantem decute rorem.
Profuit et, si quando matutina pruina
Perstrinxit teneras frondes, ostendere Soli
Cratibus impositas, et frigora vincere flammis.
Cumque tibi fuerint suspecti denique nimbi,
Appropera, calathos cape, moros scande, ministras
Voce voca, mitte in silvas, sine lege legunto
Obvia quæque, penum foliis, atque horrea comple,
Ne, dum sævit hiems, perdant jejunia pubem
Lanivomam, at parta secure fronde fruantur.
Quod si adeo subitum cito non prævideris imbrem,
Ne turpi rigeat, macieque fameque senescat
Omne pecus, validos in silvas mitte colonos,
Qui tibi utraque manu nunc huc, nunc robora et illuc
Crebra agitent, frondem patulis tu impone canistris
Rorantem, quando fatis urgemur acerbis.
At labor interea famulas exerceat alter.
Cura sit hesternæ semesas tollere mensæ
Reliquias, tabulisque immundam avertere ventris
Proluviem, mane ante pecus quam pabula gustet,
Tergendæ sedes et gramine perverrendæ,
Tum Bacchi irrorant gratum bene olentis odorem,
Purgatisque abigunt stabulis tristem omnibus auram.
Hinc leviter digito medicatis sedibus omnes
Traducunt cœtus lætos melioribus auris,
Nec super extremas errare licentius oras
Permittunt. Semper media ad penetralia cogunt,
Præcipitesque timent lapsus, altasque ruinas.
Huic generi facilis leti via: protinus ægras
Delapsæ effundunt animas, lucemque relinquunt.

Gehen zum Walde und warten bis aus dem Strudel der Tethys
Steiget der Morgen empor und aufgesogen die Nässe
Thauender Nacht im Glanze die purpurstrahlende Sonne,
Hoch am Himmel bereits entsendend die trocknenden Strahlen;
Sollte auch dann noch nicht ganz trocken der grünende Wald sein,
Nun so schüttle herab den perlenden Thau von den Blättern.
Zu empfehlen ist auch, wenn etwa die grünenden Blätter
Netzet am Morgen der Thau, sie zu breiten auf trocknende Hürden
An der Sonne und so durch Wärme den Frost zu besiegen.
Endlich, wenn zu besorgen du hast die Güsse des Regens,
Spute dich, rufe die Mägde, daß hurtig mit Körben sie eilen
Hin zum Walde abstreifend und sammelnd, was irgend erreichbar,
Um zu füllen die Scheuer und Blätter in Vorrath zu häufen.
Daß nicht während des Sturmes die webende Brut dir verschmachte,
Sondern genieße in Ruh den eingescheuerten Vorrath.
Ja wenn plötzlich und unversehens der Regen herabströmt,
Dann selbst zage noch nicht und laß nicht hungern die Raupen,
Sondern hinaus in den Wald entsende die rüstigen Knechte,
Daß mit hurtiger Hand sie schütteln das Laub von den Bäumen
Und die triefenden Blätter anhäufen in mächtigen Körben,
Da ein hartes Geschick uns zwingt zu diesem Behelfe;
Andere Arbeit indeß beschäftigt die rührigen Mägde.
Weise sie an, zu sammeln die Reste des gestrigen Mahles,
Um zu säubern die Hürden zuvor von leiblichem Abgang,
Ehe am Morgen der Schwarm das nährende Futter verzehret.
Laß abwischen die Tafeln und sauber bestreuen mit Grase,
Sprengend darauf den lieblichen Duft wohlriechenden Weines,
Reinige sämmtliche Fächer, vertreibend die schädlichen Dünste.
Hierauf trage, nur sanft berührend, die sämmtliche Brut hin
Auf die benetzeten Tafeln (sie freut der besseren Luft sich),
Doch sieh' zu, daß keine vom hohen Getäfel herabfällt,
Treibe sie stets in die Mitte, so weit es irgend nur angeht,
Scheuend den schrecklichen Sturz herab vom hohen Getäfel.
Leicht ist diesem Geschlecht der Weg zum Tode; gefallen,
Enden sogleich sie das kränkelnde Leben und scheiden von hinnen.
Ueberlebet den Fall ja eine und schleppet sich fort noch,
Ohne zu sterben, dann achte du wohl auf jede Verletzung,
Scheide die siechenden aus und wirf sie fort von den Tafeln,
Und nicht denke daran fruchtlos zu füttern die Kranken,
Nimmer erhältst du von ihrem Gespinnst noch glänzende Seide;

Si qua tamen superest et cœli vescitur aura
Post casum, inspicito; nam si pars corporis ulla est
Læsa tibi deprensa, aliarum sedibus ultro
Projice, nec frustra libeat tibi páscere inertem.
Nullam operam omnino, nullum expectabis ab illa
Certe opus. Ignavum deducet inutilis ævum,
Et comitum egregias tantum mirabitur arteos.
Sæpe etiam impastas averti pabula cernes,
Sopitasque gravi veluti torpere veterno
In tabulis. Hic parce metu, ne corpora morbus
Forte aliquis, gentemque lues invaserit ægram.
Hunc illis morem, natura hunc ipsa soporem
Addidit, indulgent somno, stratisque quiescunt,
Sopitisque dies alter transibit, et alter.
Cum vero expulerit noctem lux tertia rebus,
Consurgent, lætæque ad pabula nota redibunt.
Ergo illas tumidas jubeo observare. Nec ingens
Nosse labor, ne improvisus sopor occupet. Ultro
Signa dabunt ipsæ. Cœlo capita ardua tollent
Arrectæ, spernentque dapes. Tum pigra notabis
Corda, animos resides, insueta silentia mensis.
Non tamen adveniet somnus simul omnibus idem.
Insomnes aliquæ vigilant, dum turba quiescit
Cetera, nondum aptæ, teneros quibus alliget artus
Irrepens sopor, advenient sua tempora et illis,
Atque omnes tandem demittent lumina somno.
Cura sit interea insomnes legere, atque vagantes,
Secretasque aliis aliam cito transfero in aulam.
Sopitæ stabulent simul. His par omnibus ætas.
Una operi incumbent, et eodem tempore sese
Artubus exsoluent supera ad convexa volantes.
Dumque Deus stratis thalamisve silentibus ales
Regnat lethæo perfundens corpora rore,
Pabula subtrahito solita, frondemque negato.
Nam tumidæ interea renovant torpentia alumnæ
Corpora, et exuvias veteres, ac tegmina ponunt,
Et nitidam induitur pubes renovata juventam.
Ceu, fodere domos serpentum ubi lubrica turba
Sub terram veniente hieme, stant frigore inertes,
Dum redeat terris tepidi clementia veris.

Träg' nur schleicht sie umher, umsonst dir fressend das Futter,
Müssig bewundernd das schimmernde Werk der fleißigen Schwestern.
Oft auch wirst du sie sehen das lockende Futter verschmähen,
Gleich als hätte sie alle befallen betäubende Schlafsucht.
Wenn du solches gewahrst, so sei ohn' alle Besorgniß,
Daß pestartige Seuche die zärtliche Brut dir befallen.
Diesen Schlummer verlieh den Raupen die Mutter Natur selbst;
Schlafend ruh'n sie erstarrt auf ihrem gewohneten Lager
Und den Ermatteten gehet ein Tag und der zweite vorüber;
Doch wenn dreimal die Nacht der strahlende Morgen vertrieben,
Wachen sie auf und kehren gestärkt zum gewohneten Futter.
Deßhalb achte darauf, wenn sie zu schwellen beginnen,
Daß nicht wider Vermuthen der lähmende Schlaf sie befalle.
Selbst ja geben sie Zeichen: sie heben den Kopf in die Höhe,
Auf sich richtend verschmäh'n sie das Laub; auch wirst du bemerken
Ungewöhnliche Stille und matt hinlebende Trägheit.
Doch nicht allen zugleich erscheint der erquickende Schlummer;
Schlaflos irren noch manche umher, da andere ruhen,
Denen noch nicht gebunden der Schlaf die beweglichen Glieder;
Doch auch diesen erscheint die Stunde des lösenden Schlummers,
Endlich schließen sie alle die Augen im Tode des Schlafes.
Sorge indeß die wachen und annoch kriechenden Raupen,
Fern von der schlafenden Brut, in besondere Fächer zu bringen,
Halte beisammen was schläft; denn gleich ist diesen das Leben:
Und zur selbigen Zeit ausspinnend die glänzenden Fäden,
Werden zusammen entpuppt empor sie fliegen zum Aether.
Wenn der beflügelte Gott nun herrscht auf schweigendem Lager,
In lethäischen Thau versenkend die schlafenden Thierchen,
Dann enthalte du vor und spare die nährenden Blätter.
Denn unterdessen erneut der Leib der schwellenden Brut sich,
Streifet sich ab die alternde Haut und frühere Hülle,
Und ein glänzendes Kleid zieht an verjüngend der Schwarm sich;
Wie beim Nahen des Winters der Haufe der schlüpfrigen Schlangen
Unter die Erde sich gräbt und liegt von Kälte erstarret,
Bis die belebende Milde des Frühlings Alles erwärmet,
Dann erst kommen hervor sie und bringen die schuppenbedeckten
Rücken ans Licht, ablegend das Alter in neuem Gewande,
Jährlich machen sie's so: die Seidenraupen dagegen
Wandeln so lange sie leben dreimal im Schlafe die Farbe.

Tum demum egressi, ad Solem squalentia terga
Convolvunt posita turpi cum pelle senecta.
Annuus hic illis mos, at bombycibus ipsis
Ter pigra, dum vivent, renovabit corpora somnus.
Jamque age, jam grandes fœtus, jam ducitur ætas
Ultima, turgenti filum tralucet in alvo
Omnibus, accingunt alacres, operique parant se.
Pabula jam saturæ fugiunt. Nova quærere regna
Ardor agit. Tollunt oculos, arrectaque terga.
Omnia vestigant late loca, sicubi rami
Arbutei, per quos sua possint tendere fila,
Atque novis priscos cupiunt mutare penates,
Et tabulæ extremis pendentes sedibus hærent.
Tum famulæ properare, omnes provisa parare
Sarmenta, et steriles tectis inferre genistas.
Jamque illæ antiquas sedes, supera ardua linquant,
Atque nova hospitia invadant per vimina lenta
Demissæ, nisi succurrat nuruum ocius omnis
Hinc atque inde manus durum miserata laborem.
Ipse nam manibus secernunt grandia natu
Corpora jam matura operi, jamque apta labori
Per ramosque locant arentes agmina densa.
Summotas alias arcent, dum funditus omnes
Corporeæ excedant labes, ac temporis orbe
Perfecto sua cuique dies exemerit omnem
Alvi insinceræ illuviem, purumque relinquat
Lanicium, et fili traducens simplicis aurum.
Sic ubi mitescunt pendentes vitibus uvæ,
Paulatim liquor ille intus rarescit et aureus
Accedit color, elucent puriss'ma musta.
Tum demum tabulis passim sarmenta relictis
Complerunt omnes, perque atria virgea lætæ
Exercentur et effundunt quæsita per ævum
Stamina ditis opes uteri, suspensaque densos
Fila regunt inter ramos, atque ordine ducunt.
Mille legunt, releguntque vias, atque orbibus orbes
Agglomerant, cæco donec se carcere claudant
Sponte sua. Tanta est edendi gloria fili.
Mox autem clausæ interius circum undique lecta
Stamina condensant, teretisque ovi instar opus fit.

Auf! Schon altert die Brut, schon nahet das Ende des Lebens,
Schon durchschimmern den strotzenden Leib die goldenen Fäden;
Munter kriechen umher die Thierchen bereitend zum Werk sich.
Satt schon fliehn sie das Mahl und verlangen nach anderer Wohnung;
Suchend schaun sie umher, erhebend den schmächtigen Rücken.
Alles stöbern sie durch und suchen begierig nach Zweigen,
Um sie sodann zu bespannen mit herrlich blinkender Seide;
Eifrig begehren sie neues Getäfel und Wechsel der Wohnung;
Hängend schweben sie dann am äußersten Rande der Fächer.
Hurtig tummeln sich, schaffend, die Mägde, bereiten die Reiser,
Die sie gesammelt und legen hinauf den müssigen Ginster
Und schon würde die Brut die alten Gefächer verlassen,
Und beziehen ein neues Gehäuse, am zähen Gesträuche
Jäh sich stürzend hinab, wenn nicht die geschäftigen Frauen
Schnell das gefürchtete Leid von den schwächlichen Thierchen entfernten.
Denn sie sondern mit eigener Hand die alternden Schwärme,
Die schon reif zum Gespinnst und bereit zur fröhlichen Arbeit,
Nehmen und legen sie dicht auf hingebreitete Zweige;
Halten die anderen fern, bis gänzlich jeglicher Inhalt
Ausgesponnen und im Verlauf der rollenden Zeiten
Jeglichem Thierchen benommen der kommende Morgen des Leibes
Aufgehäufete Frucht und rein und lauter zurückläßt
Schimmerndes Seidengespinnst und goldhell glänzende Fäden.
Traun, so reifen die Trauben, wenn noch am Stocke sie hängen,
Und es klärt sich allmählich der Saft der sonnenden Beeren,
Golden färben sie sich, es leuchtet der lautere Most dir.
Dann erst nimm vom Getäfel herab die sämmtlichen Raupen,
Daß sie füllen die Reiser, sich tummelnd in fröhlicher Arbeit,
Und die gesammelten Schätze des seideschwangeren Leibes
Zwischen dem dichten Gezweig ausspannend, zu Tage dir spinnen
Reihe an Reihe gewebt das Netz der glänzenden Fäden.
Tausende ziehen sie hin der Fäden und ziehen zurück sie,
Kreise auf Kreise gehäuft, bis sie im düsteren Kerker
Sich verschließen von selbst im mächtigen Triebe des Spinnens.
Aber nachdem sie darin sich eingesponnen geschäftig
Machen sie dicht das Gewebe, zum Ei abrundend die Arbeit.
Müssig sähest du keine; geschäftig eifern sie alle
Tag und Nacht, zu vollenden bethulich die künstliche Arbeit,
Angestrengt um die Wette den glänzenden Preis zu erringen.

Nullæ operum immunes; est omnes cernere passim
Noctes atque dies niti præstante labore,
Et quasi de palma summas contendere vires.
Aspicias quasdam incipere, primumque laborem
Tendere adhuc, quasdam obscuro jam carcere clausas.
Ast aliæ velut in nebula, fumoque nigranti
Nunc etiam apparent properantes intus et omnes
Fas oculis spectare vias, variumque laborem.
Quin et nonnullæ paribus communia curis
Associant opera, et nebula clauduntur eadem.
Quædam adeo (visu mirabile) sæpe repertæ,
Dum tendunt superare alias, instantque labori,
Vitam opere in medio clausæ sub nocte dedisse
Ante diem ah miseræ. Jacuit labor interruptus.
Parva mora est tamen. Ut se aliæ inclusere latebris,
Extremoque manum summam imposuere labori,
Exhaustæ intereunt omnes, terrasque relinquunt.
Ite animæ egregiæ, fortunatæque laborum
Ultro in fata alacres. Vobis nempe altera fato
Corpora debentur, vobis miserata priorem
Eripiet formam Venus, atque ad dulcia reddet
Lumina, et æreas rursum revocabit in auras.
Prima Venus docuit bombycem in tecta referre
Eductam silvis atque hanc impendere curam.
Ante homines nati durum genus ilice rupta
In silvis nudi degebant more ferarum.
Nec dum ullus lini, nec dum ullus velleris usus.
Verum dura hiemis pellebant frigora, noctisque
Humorem fruticum se frondibus involventes
Et liquidos imbres vitabant arbore tecti,
Per noctemque cavis latitabant rupibus hirti.
Hic illic mixti latos impune per agros
Cum nudis nudi invenes errare puellis.
Ast ubi crescenti paulatim cognitus orbi
Irrepsit pudor exuviis cœpere ferarum,
Aut tergo bonis, aut villosi pelle leonis
Se tegere, et coriis involvere mollibus artus.
Ipsi etiam nudi degebant æthere in alto
Cœlicolæ, cœlique nurus discrimine nullo.
Prima Deum Pallas docuit committere campo

Einige spannen die Fäden noch auf und beginnen die Arbeit,
Während du andere schon vom dunkelen Netze umspannt siehst.
Wie in Nebel gehüllt und schwärzliche Wolken des Rauches
Zeigen sich andere noch in emsiger Eile beschäftigt,
Alle Wege und Künste dem schauenden Auge enthüllend.
Einige siehst du sogar vereinigt wirken und schaffen,
Wie sie in einem Gewebe und selbigem Nebel verhüllt sind.
Aber es werden auch andre (ein trauriger Anblick!) gefunden,
Während sie streben die ersten zu sein und nimmer sich ausruhn,
Die da mitten im Werk ihr Leben lassen aus Eifer,
Sterbend, o Jammer, zu früh, nun liegt halbfertig die Arbeit!
Klein jedoch ist der Verlust; sobald sich alle versponnen
Und geleget die letzte Hand ans endende Werk nun,
Sterben sie alle dahin erschöpft verlassend die Erde.
Ziehet hin edele Seelen, beglückt durch lohnende Arbeit,
Freudig hinab in den Tod; ein zweites Leben ja winkt euch
Flugs in geläutertem Leibe, es nimmt mitleidig die Venus
Euch die frühere Hülle, um bald euch wieder geboren
Aufzuwecken zum Licht und reinerem Leben im Aether.
Venus entführte zuerst die Raupen dem duftigem Walde,
Lehrte, sie sorgsam hegen und pflegen im schirmenden Hause.
Ehmals lebten die Menschen, ein hartes Geschlecht, in den Wäldern,
Ungekleidet wie Thiere noch hausend in Bäumen und Höhlen,
Und noch kannten sie nicht das Linnen und wärmende Wolle;
Gegen den eisigen Frost des Winters und thauende Nächte
Hüllten die starrenden Glieder sie ein in schützende Blätter
Und vor strömendem Regen beschirmten gehöhlete Bäume,
Während der Nacht verbargen die Struppigen felsige Grotten;
Jünglinge hüpfen mit Mädchen einher im bloßen Naturkleid,
Bunt durcheinander gemischt und unbefangen im Freien;
Aber sobald sich auf Erden allmählig die Menschen vermehrten:
Da erwachte die Schaam; man deckte mit Fellen der Thiere,
Sei's mit Häuten der Rinder sei's auch des zottigen Löwen,
Nun die Blöße und hüllte in schützende Zeuge die Glieder.
Selbst die Himmlischen lebten noch unbekleidet im Aether,
Ungezwungen verkehrend mit allen Olympischen Schönen,
Pallas lehrte zuerst die Saat des geschmeidigen Linnen
Anvertrauen dem Schooße der Flur und Lämmer zu scheeren,
Und auf künstlichen Stühlen zu weben die Fäden der Wolle.

Enodis lini segetem, et tondere bidentem
Lanigeram, ac tenui telas intendere filo.
Illa quidem primum vario se ornavit amictu
Egregiam picto pallam circumdata limbo.
Mox alias etiam texit ditissima divas.
Nec mora, deinde novam ostendit mortalibus artem.
Tantum nuda Venus mærebat muneris expers
Egregii, ob formam textrici invisa Minervæ,
Atque irrisa diu super Idalium frondosum
Se natosque suos in silvis condidit atris;
Cui post optanti Fors et Deus attulit olim
Auxilium; nam Peliacis te in montibus altis
Phillyra, Nympharum pulcherrima montanarum,
Saturnus captus, forma et florentibus annis
Viderat errantemque, et gramina certa legentem.
Ah quoties precibus Nympham Deus aspernantem
Tentavit supplex, ingrataque munera verbis
Addidit? ah quoties nimbosis montibus errans
Matutinus iter tulit, et monstravit in agris
Præsentes morbis herbas, usumque medendi?
Illa aversa Deum semper fugiebat amantem.
Quid faceret? Venerem supplex adit ipse rogatque
Auxilium et meriti promittit præmia tanti.
Diva monet duræ frustra præcordia Nymphæ
Tentari, nulli pectus penetrabile amori,
Nec precibus, nec muneribus mutarier ullis,
Fallendamque dolis tantum, furtisque domandam.
Ergo se in faciem subito transformet equinam
Imperat, et pascat qua gramina sueverat illa
Quærere, ut ignaram furto aggrediatur opertus.
Nec mora præceptis. Hinnitu Pelion altum
Clausus equo Deus implevit, votoque potitus
Vi tenuit frustra pugnantem, et multa recusantem.
Exin promeritæ Veneri pro munere magno
Semina clausa dedit niveo tenuissima linteo,
Et meriti memor his, inquit, pulcherrima texes
Diva tibi insignes tunicas nihil indiga lanæ,
Aut lini, quæ dona negat tibi iniqua Minerva.
Hinc præcepta dedit, divinam et prodidit artem,
Quam primus, nati fugeret cum protinus iras.

Pallas hüllte zuerst sich nett in schmucke Gewänder:
Herrlich wallet umsäumt von Spitzen nieder das Festkleid.
Bald auch kleidete sie freigebig die anderen Götter;
Theilte den Sterblichen dann die neuerfundene Kunst mit.
Venus allein, sie trauert, entblößt der zierenden Gabe,
Wegen der Schönheit verhaßt der kunstreich webenden Pallas.
Und auf Idalias laubigen Höhen lange bespöttelt
Barg sie die Kinder und sich im schattigen Dunkel des Waldes,
Bis mitleidig ein Gott der hilfsbedürftigen beistand.
Denn dich, Phillyra, schönste der bergbewohnenden Nymphen,
Schaute Saturn entzückt auf Pelions ragenden Bergen,
Wie du im Glanze der Jugend, umstrahlt von blendender Anmuth,
Einsam wandelst im Hain und Blumen pflückest zu Kränzen.
Ach wie flehte und bat er die Spröde zu Füßen ihr fallend,
Immer umsonst, nichts helfen Geschenke — sie wurden verschmäht ja;
Ach, wie wandelt er oft am Morgen im Thaue der Berge,
Eh' sich gehoben der Nebel, ihr zeigend in Fluren und Wäldern
Krankheit heilende Kräuter und lehrte, wie sie zu brauchen,
Liebe jedoch, ach! fühlte sie nimmer im steinernen Herzen;
Was nun sollte er thun? an Venus wandt' er betrübt sich,
Flehte um Hilfe sie an, versprach ihr herrlichen Lohn auch.
Fruchtlos mahnet die Göttin, das Herz zu erproben der Nymphe;
Hart bleibt immer ihr Herz und jeglicher Liebe verschlossen,
Weder durch Bitten noch durch Geschenke irgend erweichbar.
List nur kann sie berücken und Trug die Spröde gewinnen.
So räth jene ihm nun, verwandelt als flüchtiges Roß sich
Munter zu tummeln, wo immer sie pflegte die Kräuter zu suchen,
Um so heimlich zu nahen dem arglos sammelnden Mädchen.
Ohne Bedenken gehorcht der Gott; in Pferdegestalt nun
Wiehert auf Pelions Höhen er weidend und haschet die Nymphe,
Die sich umsonst jetzt sträubt und umsonst zu fliehen versuchet.
Deshalb schenkte der Gott, zum Danke für solche Verdienste,
Zarten Saamen verschlossen im schneeigen Linnen der Seide;
Dankbar spricht er zu ihr: Der Göttinnen Herrlichste, wirst du
Weben dir glänzende Kleider, die feiner als Wolle und Leinwand,
Welche dir vorenthält aus neidischem Grolle Minerva.
Gab Vorschriften ihr auch und lehrte die herrliche Kunst sie,
Welche zuerst er erfand still feiernd im öden Gebirge,

Deprendit solis meditando in montibus olim.
Insuper admonuit venturi praescius aevi
Quondam aliquos, sed enim multo post, affore vates,
Qui totum canerent praeclara inventa per orbem
Gratum opus Ausoniis, dum volvent fila, puellis.

Liber II.

Rursus ades Nympha, incœptum jam perfice munus
O decus Italidum fortunatissima matrum,
Quae vastas fessae Italiae miserata ruinas
Haud dubias pulchra spes nobis prole tulisti.
Tu jam laeta tuos natos praestantibus ausis
Caelicolas ipsos supra se ferre videbis.
Aspice jam quantas ostentet corpore vires
Fredericus puer, ut vultu decora alta parentum
Spondeat, ut veniant scintillae ardentis ab ore,
Flagrantesque micent oculi, utque horrentia semper
Bella sonet, puerique agitet se pectore Mauors,
Jamque adeo nunc arma placent; jam fervidus acri
Gaudet equo, indomitusque animi, cupidusque pericli.
Hunc jam regna Asiae metuunt, oriensque subactus,
Gangesque, Tigrisque tremunt, atque Indus Hydaspes.
Saepe hunc Euphratae propter vaga flumina Heoae
Bellantem aspicient multa inter milia matres,
Horrescentque animis hostem, pariterque timebunt
Egregio juveni, caecoque urentur amore
Praestanti captae forma, et juvenilibus annis.
Gaudia mox trepidae referet tibi quanta revertens
Ultus avos Grajum, Solymorumque eruta templa?
Tunc illum Minci in ripis facta ampla canentes
Carminibus tollent sublimem ad sidera vates.
Lanificas nos interea revocamur ad artes.
Frondosae invitant rursus sub tegmine mori
Seriades, grataque legunt e fronde coronam,
Quando nondum ausim laurum sperare superbam,
Aut caput intonsis hederarum innectere ramis.
Ergo age, sarmentis dum se super aurea bombyx
Exercet, nitidumque edit de pectore filum,
Nempe tuae interea prorsus nihil indiga curae est,
Dum novies roseus se laverit aequore Titan.

Als ihn die drohende Rache des Sohnes zu fliehen genöthigt.
Ferner verkündet er auch vorschauend im Geiste die Zukunft:
Dichter werden erstehen, wenn auch nach langem Jahrhundert,
Welche die herrliche Kunst vorsingen den horchenden Völkern:
Seidebereitenden Fleiß, gefeiert italischen Mädchen.

Zweites Buch.

Wiederum stehe mir bei, Schutzgeist, vollende das Werk nun
Du, beglückende Zierde von allen italischen Müttern,
Welche, im Herzen beklagend Italiens traurige Lage,
Wieder eröffnet die Aussicht auf hoffnungsreichere Zukunft.
Bald wirst freudig du schauen die Söhne durch muthige Thaten
Hoch erhoben zum Himmel und hoch von Allen verehret.
Siehe, wie Friederich strahlt in Vollkraft blühender Jugend,
Wie sein feuriger Blick verkündet die männliche Thatkraft,
Welche die Ahnen erhoben zu strahlender Größe des Ruhmes
Und sein feuriges Auge entzündet zu hoher Begeistrung.
Schon hört jeder ihn preisen die Heldenthaten der Krieger,
Schon regt munter im Herzen sich Lust an klirrenden Waffen,
Schon weiß kräftig der Jüngling zu tummeln die muthigen Rosse,
Unerschrocken sich stürzend und tapfer in alle Gefahren.
Schon erzittern vor ihm die morgenländischen Reiche
Fern am Ufer des Ganges und wildhinbrausenden Tigris.
Oftmals werden ihn schauen an Euphrats rauschendem Strome,
Im Getümmel der Schlacht sich bäumen die zagenden Mütter,
Fürchtend im Herzen den Feind; es werden den herrlichen Jüngling
Voll Bewunderung schauen, in himmlischer Liebe entbrennend,
Strahlend im Glanze der Schönheit die morgenländischen Jungfraun.
O wie wirst du erbangend einst harren der jubelnden Heimkehr,
Wenn er gerochen die Väter, befreit die heiligen Stätten,
Dann wird Mincius Ufer besingen hören den Helden,
Welchen die Dichter erheben zu strahlender Höhe der Sterne.
Doch wir kehren zurück zur seidebereitenden Kunst jetzt.
Unter dem schattigen Dach des dichtbelaubten Maulbeers,
Laden die Musen uns ein und flechten uns grünende Kränze,
Da den stolzeren Lorbeer noch nicht zu hoffen ich wage,
Noch zu umwinden das Haupt mit prangendem Laube des Ephen.
Drum geh' wieder ans Werk, so lange auf grünenden Zweigen
Spinnet die goldene Raupe und glänzend ziehet die Fäden.

Disce laboranti pecori non pigra maderi,
Tristibus et morbis occurrere; vos quoque nostri
Parvæ animæ exercent per tot discrimina casus,
Vestraque pallentes infestant corpora morbi.
Corrupta sive illa lues cæli influit aura,
Seu vitio infectæ frondis, gens labitur ægra,
Et cœtus subito serpunt contagia in omnes.
Invadit mors, intereunt data corpora leto,
Et thalamis passim tetro manantia tabo
Fusa jacent, perit omne pecus, spes irrita fili.
Di teneros, Di vos fœtus arcete periclis,
Cum nondum morbis præsentes omnibus herbas
Monstrarit natura, hominumue industria solers
Nondum morborum causas deprenderit omnes.
Multa tamen, longo quæ nos invenimus usu,
Quæque alii docuere, tibi nunc dicere pergam.
Nil adeo tineis fuerit præsentius ægris,
Quam subito e medio jucundo lumine cassas
Tollere, ne totam perfusa cadavera tabo
Latius incestent miserando funere gentem.
Nec minus inde tibi tristis contagia cæli
Sit studium vitare; juvat cum lucidus æther,
Cum noctis gelidum Sol rorem sustulit, et cum
Inter se Alpinus Boreas atque humidus Auster
Pacem agitant, vitro detracto aperire fenestras,
Quove almam lucem aspiciant quove æthera purum,
Aurarumque leves animas, et frigora captent.
Nempe intro veniens Zephyris variantibus aer
Aera dispellit pigrum novus, et grave olentes
Lustrat, agens sese, thalamos, variatque saluber,
Qui nisi mutetur crebro, corrumpitur, haustusque
Inducit varios reptantum in corpora morbos.
Ceu puteis pigros latices nisi sæpius urna
Hauseris, ut subito inde locum novus occupet humor,
Continuo sapor immotæ vitiatur aquai,
Oraque potantum tristis perturbat amaror.
Tum vero ad Solem, blandique ad luminis auras
Exultare pecus videas, et corpora luci
Pandere; non tamen immisso sub Sole jacere
Securum fuit, aspiciant sed lumina longe;

Denn so lange kann missen sie jeglicher Sorge und Pflege,
Bis neunmal sich gebadet im Meere der rosige Titan.
Lerne fortan abwenden, was irgend dem fleißigen Schwarme,
Sei es Gefahr, sei's auch verheerende Krankheit bereitet.
Euch auch zarte Geschöpfe bedrohet ja manches Verderben,
Euch auch drohet das Heer Krankheit erzeugender Stoffe!
Oft verbreitet verdorbene Luft pestartige Seuchen,
Oder es kränkelt die Brut vom giftbefallenen Laube
Und Ansteckung ergreifet sofort die sämmtlichen Raupen;
Unter den Pfeilen des Todes erliegen die siechenden Körper
Und vom widrigen Eiter besudelt sterben die Thierchen,
Leblos sinket dahin die Hoffnung reichen Gespinnstes;
Götter beschützet die zarten Geschöpfe vor allen Gefahren,
Da noch nimmer Natur gezeigt für alle Gebrechen
Helfende Mittel und heilende Kunst den denkenden Menschen
Noch nicht alles entdeckt, was tödliche Seuchen verursacht.
Vieles jedoch, was selbst wir gefunden durch lange Erfahrung
Und was Andere lehren, vernimm, ich will es dir sagen:
Nichts ist besser und traun ersprießlicher kränkelnden Raupen,
Als die todten sofort hinwegzuschaffen, damit nicht
Sämmtliche Brut anstecken die bald verwesenden Leichen
Und mit schädlichem Duft verpesten die freundlichen Zellen.
Auch vermeide nicht minder Einflüsse des wechselnden Klima's!
Lüfte die dumpfigen Räume und öffne die schließenden Fenster,
Wenn in heiterer Bläue erglänzt der sonnige Aether,
Wenn die thauende Nacht gewichen den wärmenden Strahlen
Und mit feuchterem Süd im Frieden der eisige Nordwind,
Daß sie genießen das wärmende Licht und reinere Lüfte,
Und der belebende Hauch des Tages die matten erfrische.
Denn so bringet die Luft hinein in die dumpfigen Zellen
Und vertreibet den üblen Geruch und schädliche Dünste;
Leichter und reiner ja athmet die oft gewechselte Luft sich,
Welche gar bald umschlägt, wofern nicht öfter du lüftest,
Und gar viele erzeugt und wechselnde Uebel den Raupen,
Gleichwie das Wasser verdirbt im tiefgegrabenen Brunnen
Und faul schmeckend den Mund zusammenziehet beim Trinken,
Wenn man nicht oft ausschöpft die trübgewordene Grundsupp',
Daß zufließend das reinere Naß ersetzet das alte.
Da nun wirst du bemerken, wie alle zur Sonne sich drängen
Und im belebenden Hauche erfrischender Lüfte sich regen,

Si vero fuerit gelidis Aquilonibus aër
Frigidus, aut nimbos spirantibus humidus Austris,
Protinus in thalamos inferri profuit ignes.
Ne tamen infestet lacrymosus lumina fumus,
Ipsos occuluere cavis fornacibus ignes,
Unde aditus fumo sit nusquam in tecta, sed extra
Respirans Vulcanus in aëra fumet opertum.
At calor interea placidus diffunditur intus
Paulatim, et tepidi calida e fornace vapores.
Sunt etiam, quæ, cum nigrescit fœtibus arbos,
Incipiunt cum mora rubescere, pabula lecta
Retibus imponunt raris, in perque foratis
Pellibus, in gyrumque agitant, jactantque per auras.
Namque cadunt veluti per lata foramina grando
Nigrantes baccæ, vel qnicquid inutile mensis,
Et tantum folia ipsa manent, quod solvere mollem
Alvum mora ferunt, tristesque inducere morbos.
Præterea liquido respergi corpora olivo
Mors erit extemplo ah miseris, lucemque relinquent.
Ergo ubi nocte gregem famulæ, et stabula alta revisent,
Edico procul ardentem deponere testam,
In tenebris ubi pingue oleum depascitur ignis,
Ne super incautis gutta stillantis olivi
Decidat, ac totos deformet peste penates.
Usque adeo in Venerem longas exercuit iras
Infensam inventrix semper frondentis olivæ.
Exin cum liquor officiat bombycibus omnis,
Præcipue sale qui fuerit vitiatus amaro
Cum semel attigerit, miseris erit acre venenum.
Protinus elucet languentibus aurea pellis,
Deinde tument, turpisque animis ignavia venit
Desidibus, tandem rumpuntur, et omnia tetro
Inficiunt tabo. Sanies fluit undique membris,
Nec quicquam salso Venerem æquore profuit ortam.
Quædam ideo silvas servant noctesque diesque.
Quandoquidem inventæ salso quæ pabula rore
Invidia infecere (scelus prohibete nefandum
Dique, Deæque omnes) cæcum et liquere venenum
In silvis, quod mox foliis bibit inscia bombyx.
Arce etiam strepitus: cantu cava cornua rauco,

Dennoch laß sie nicht lange so liegen im Strahle der Sonne,
Sondern von weitem nur mögen sie schauen das blendende Lichtmeer.
Wenn von Norden dagegen der Hauch des kälteren Windes,
Oder der wehende Süd mit Regen bedrohet die Raupen,
Laß einheizen sofort und künstlich erwärmen die Halle,
Doch darf thränender Rauch belästigen nimmer die Augen!
Drum bewahre das Feuer im wohlverschließenden Ofen,
Daß nicht bringe der Rauch durch Ritze ins wohnliche Zimmer,
Sondern nach außen der Zug ableite die wirbelnden Dünste,
Aber im Innern indeß verbreitet der hitzende Ofen
Glutausstrahlend von oben bis unten behagliche Wärme.
Ferner auch hab' ich gesehn, wie manche im reifenden Sommer,
Wenn sich färben bereits am Baume die röthenden Maulbeer'n,
Schütten in Netze das Laub und wohldurchlöcherte Felle,
Schwingend im Kreise und schüttelnd das eingescheuerte Futter.
Denn so fallen heraus, wie Hagel durch klaffende Ritze,
Sämmtliche Beeren und was noch sonst Unreines im Futter,
Und es bleiben zurück nur Blätter, da schwärzliche Beeren
Weicheren Leib nur erzeugen und Krankheit nährende Zufäll'.
Flüssiges Oel, zu nahe gebracht den schwächlichen Raupen,
Hat sofortigen Tod zur Folge und klägliches Ende.
Drum wenn Mägde bei Nacht eintreten ins Raupengefilde,
Mache zum strengen Gesetz, daß schon von weitem die Lampe
Nieder sie setzen bedächtig und nicht zu nahe sie kommen,
Daß nicht Tropfen des Oels benetzen die schlafende Brut dir
Und Verderben bereiten dem Schwarm der spinnenden Raupen.
Also bitteren Haß warf einst des grünenden Oelbaums
Kluge Erfinderin auf der Venus spinnende Sprößling'.
Da so jegliche Nässe zum Schaden den zärtlichen Raupen,
Zumal wenn sie enthält die Aeze des bitteren Salzes,
Hüte sie wohl vor diesem mit Tod bedrohenden Gifte;
Denn sie fallen sofort entkräftet in eine Betäubung,
Schwellen darauf durchsichtig, befallen von lähmender Trägheit;
Endlich sterben sie berstend vom rings ausströmenden Eiter,
Welcher die Glieder benetzet und ringsher Alles besudelt.
Also schadet das Salz der salzentsprungenen Mutter;
Deshalb hüten so manche die Bäume bei Tage und nächtlich;
Denn schon ist es geschehn, daß neidische Menschen (o wendet
Götter und Göttinnen all' solch frevelhaftes Beginnen!)
Netzten mit salzigem Wasser die nährenden Blätter des Maulbeers

Fistulaque horribili procul absit ahenea bombo
Tympanaque, et voces ludentis comprime pubis.
Invalidas sæpe exanimat leve murmur alumnas.
Sed neque tum pueri vastantes irrequieta
Cuncta manu hic illic, stragemque impune ferentes,
Jamque has, jamque illas digitis dum tangere gaudent,
Introducantur, quos longe arcebis, et ultro
Absistent, ætas si improvida ludificetur.
Verbis falle illos; tineas finge acre venenum
Inspirare anima, vel spicula linquere caudis,
Atque angues, colubrosque voca, dirosque chelydros.
Observabis item, ne qui gustaverit allii,
Aut cepæ, aut acris porri illetabile virus
Introeat, ne res pereat tibi funditus omnis.
Bombycem examinem vidi sæpe ipse jacere
Afflatam famulæ graviter spirantis odore.
Continuo vis illa subit, naresque lacessit,
Intimaque infestum venit ad præcordia virus.
Non igitur cunctis aditus permiseris, illas
Spectatum qui cunque adeunt, quis spiritus ollis,
Quis vultus, vocisque sonus, qui euntibus ultro
Sit gressus, qui oculive, notes; discrimine nullo
Limine anus omnis, monstra infelicia, longe
Pelle, nocent cantu tristes, oculisque malignis.
Intro autem tantum juvenes, pulchræque puellæ
Ducendæ, queis forma, ætasque ignara nocendi est.
Hic impune choros agitent, alternaque læti
Idaliæ Veneri, ac Saturno carmina dicant.
Quandoquidem memini Tusci alta in rupe Viterbi
Ipse senem vidisse ferum, cui dira rigebant
Ora, gravesque oculi suffecti sanguine circum,
Fronsque obscœna situ, hirtique in vertice cani.
Ille truci (scelus) obtutu genus omne necabat
Reptantum, tenues animas, parvasque volantes.
Quinetiam si quando hortos ingressus, ubi annus
Exuit expleto turpem novus orbe senectam.
Floribus et passim per agros incanuit arbor,
Ille hortis stragem dedit, arboribusque ruinam,
Spemque anni agricolæ mœsti-flevere caducam.
Nam quocumque aciem horribilem intendisset, ibi omnes

Und nicht ahnend das Gift die Raupen es gierig verschlangen.
Auch vermeide Geräusch; fern bleibe das schmetternde Waldhorn,
Fern das schrille Getön der schrecklich gellenden Pfeifen,
Fern auch Trommelgewirbel und Lärmen spielender Knaben,
Oft erschrecket ein leichtes Gerassel die zärtlichen Spinner,
Auch laß Kinder nicht zu, unruhig und immer beweglich,
Alles mit Händen betastend und leicht zerstörend die Ordnung;
Schaden stiften sie nur, bald dies, bald jenes berührend.
Darum halte sie fern; von selben werden sie abstehn,
Wenn du Gefahr vorspiegelst der unerfahrenen Jugend.
Sage, die Raupen hauchten ein Tod verbreitendes Gift aus,
Oder sie stächen, was irgend sich naht mit giftigem Stachel.
Nenne sie Otterngezücht und Nattern und tückische Schlangen!
Auch verhüte du wohl, daß keine genieße des Knoblauchs,
Oder der beißenden Zwiebel, des Lauchs jäh tödtende Schärfe,
Daß nicht etwa das ganze Geschlecht dir gehe zu Grunde.
Oftmals hab' ich gesehen entseelt da liegen die Raupen,
Wenn sie betäubet der Dunst der übelriechenden Mägde,
Gleich ergreifet der Reiz die feingebildete Nase
Und es bringet verderbend das Gift ans innere Leben.
Also nicht jedem gestatte ins Raupenzimmer den Eintritt;
Und sorgfältig beachte, wenn Jemand zu sehen sie wünschet,
Wie sein Athem und wie sein Blick, wie die Laute der Stimme,
Wie sein Gang und die Augen beschaffen; die Weiber
Halte dir ferne durchaus, gar leichtlich bringen sie Unglück,
Schaden durch Zaubergesang und auch durch neidischen Blick dir;
Laß nur junge hinein und wohlgestaltete Mädchen,
Deren Gesicht und Jugend noch unbefangen und harmlos.
Meinetwegen sogar, erlaube du solchen zu tanzen,
Wechselgesang aufführend der Venus oder Saturnus.
Hab' ich doch selber gesehn im Felsenstädtchen Viterbo
Einen verwilderten Greis mit hartgeformeten Munde
Und unheimlich die Augen ringsum mit Blut unterlaufen,
Schmutzig die Stirn und grau am Scheitel der struppige Haarwuchs,
Sein unheimlicher Blick (mit Schauder nur kann ich's erzählen)
Tödtete all' das schwache Geschlecht geflügelter Thierchen.
Ja der Garten sogar, betrat er ihn irgend zur Zeit, wo
Neuverjünget das Jahr abstreifet des Alters Gebrechen,
Sich bekleidend mit Blumen und grünendem Laube der Blätter,

Cernere erat subito afflatos languescere flores,
Mox album late nimbum volitare per auras,
Nec tantum noceat raptor ferus Orithyiæ,
Si quando iratus male tutis incubet hortis.
Nostram igitur si forte domum prætermeet olim
Pestis, et ira deum talis, cum plurima reptans
Complevit sedes omnes, atque atria circum,
Non illum affari libeat, longumque morari.
Sed properate fores famulæ, properate, fenestras
Claudere, pestiferamque avertite limine cladem.
Jam promissa dies terris lucem intulit almam.
Jam, licet, ingredere, artificum mirare laborem
Egregium, mirare artes, ut pendula ramis
Omnibus hæserunt varii glomeramina fili,
Qualiter autumni primo cum frigore in hortis
Arboribus pendent haud uno poma colore,
Sic hærent nitidi vario discrimine ramis
Folliculi; sunt quæ viridem traxere colorem
E foliis, quæ depasta est Saturnia bombyx,
Fila, auri quædam, electrique simillima puri.
Omnibus est reliquis color albi velleris instar.
Ergo ubi per ramos jam perfecisse laborem
Clausas, quamque suum, vigili exploraveris aure,
Atque ubi nec strepitus, nec vim datur amplius ullam
Audiri, sed jam motus requieverit omnis:
Pelle moram exonerare ramos, impone canistris.
Carpe utraque manu, et famulas properare jubeto.
Primus deinde labos extrema, et inutile quicquid
Lanicii detraxe, et luxuriantia circum
Vellera, quæ stuppæ veluti nodosa puellæ
Ruris pensa trahunt torquentes pollice fila,
Unde sibi intexant festis gestanda diebus
Tegmina, cum lætas agitant per prata choreas.
Hinc triplex delectus erit, meliora Deorum
Imponunt aris: aliqua in spem gentis, et anni
Venturi ad sobolem servant de more creandam.
Cetera dein varios devolvunt vestis in usus.
Quæ vero in generis spem vis servare caduci,
Deligito ex omni numero neglecta quotannis
Degenerant proles magis ac magis, atque propago

Sah absterben sofort und welken die sprießenden Triebe:
Thränen entlockt der Verlust dem Auge des trauernden Landmanns!
Denn wo immer er hin nur wandte die Augen der Unhold,
Sah man senken sofort ihr Haupt die welkenden Blüthen
Und erfüllen die Luft weithin den schädlichen Mehlthau;
Solch Verderben erzeugt selbst nicht der Räuber Dianens,
Wenn er im Zorne ersinnt Unheil den friedlichen Fluren:
Drum wenn irgend einmal an deinem Hause vorbeizieht
Solch ein gräulicher Mensch, vom Zorne der Götter gezeichnet,
Während die Hallen gefüllt mit fleißig spinnenden Raupen,
Nimm dich in Acht, ihn anzureden mit freundlichem Worte,
Sondern in Eile geschlossen die Thüre, geschlossen die Fenster,
Abzuwenden vom Hause verderbenbringendes Unheil!
Aber sobald den Fluren erschienen das Licht der Verheißung,
Gehe hinein und siehe mit Staunen die künstliche Arbeit,
Schaue bewunderungsvoll, wie sämmtliche Zweige behangen
Mit den schillernden Fäden der feingesponnenen Seide,
Wie wenn im Herbste erglänzen die prangenden Bäume im Garten,
So sieht hängen man hier an Zweigen die schimmernden Flocken
Seidener Grains im grünen Gewand des nährenden Laubes,
Andere glänzend wie Gold und gleich durchsichtigem Bernstein,
Weiß von Farbe die meisten, wie reingewaschene Wolle.
Aber sobald du bemerkt, daß alle vollendet die Arbeit,
Jede in ihrem Verschluß mit wachsamem Ohre belauschend,
Und man weder Geräusch noch regendes Leben verspüret,
Sondern in Ruhe bereits versunken die summenden Spinner:
Dann entlaste die Zweige, in Körbe sammelnd die Seide,
Löse mit sorgsamer Hand die Cocons, antreibend die Mägde.
Drauf entferne zuerst die äußere rauhe Umhüllung
Und was sonst umwuchert die reineren Fäden an Abgang
Den, wie knotige Kloben des Wergs, verspinnen die Mägde,
Rasch umdrehend die Spindel mit unermüdetem Daumen,
Draus sich webend ein schmuckes Gewand für festliche Tage,
Wenn auf blumiger Wiese sie schwingen die Füße im Reigen.
Dreifach sondere dann die ausgelesenen Stoffe:
Erst bedenke die Götter und zwar mit feinerer Sorte,
Einiges lege zurück zur Zucht des kommenden Jahres;
Was dann bleibet an Seide, verspinne zu schmückender Kleidung;
Was zu verwenden du denkst zur Zucht hinfälliger Raupen,

Deterior tibi semper erit labentibus annis.
Sed non ob sobolem multos servare necesse est
Folliculos, capitum multorum semina partu
Una dabit mater, centum quæque ova relinquet.
Quos igitur fœturae habiles provideris, omnes
Connectes ducto per acus vestigia filo.
Sed parcens leviter terebrato, extremaque tantum
Tangito acu tenui, ne inclusa cadavera ferro
Ah violes, et res evertas funditus omnes.
Post hinc consertos ita frigida sub loca conde
Aut Bacchi in cella' sub terram, aut sicubi montis
Excsi specus ardenti impenetrabile Phœbo,
Ne calor absumat defuncta cadavera vita,
Fata dabunt quibus ad jucundum surgere lumen
Rursus, et in parvas volucrum se vertere formas,
Cum primum cælo stellas Aurora fugarit,
Et decies roseos Sol laverit aequore currus.
Nam quondam (ut perhibent) cum primos aurea fœtus
Nutriret Venus umbrosis in vallibus Idæ,
Nuda cohors tenerum circum ludebat Amorem,
Et nunc hic manibus temere dare pabula blandis,
Nunc illic tractare levi reptantia tactu
Corpora, Acidaliosque toris diffundere flores.
Dum vero incauti nunc huc, nunc protinus illuc
(Forte parens aberat) studiis puerilibus errant,
Impliciti inter sese altis in cratibus urgent.
Fit strepitus, pontes vastam traxere ruinam
Lanifici stabula alta gregis, jacet undique bombyx
Fusa solo, exanimum ingentes (miserabile) acerui.
Quam cladem accepit rediens ubi mater, et omnem
Cæde madere locum vidit procul, et genus omne
Funditus extinctum, totamque ab origine gentem,
Et famulas nusquam sibi, nusquam occurrere natos,
Qui sese abdiderant siluis, taciti que latebant,
Infelix stetit ingenti perculsa dolore.
Tum furiis acta huc illuc clamore supremum
Idalium implevit natos, famulasque requirens.
Nulla quies animo, noctesque, diesque vagatur,
Incassumque gemens solos interrogat agros.
Infernas etiam sedes, atque atria Ditis

Wähle bedachtsam aus. Denn jährlich werden sie schlechter,
Wenn nicht Sorge du trägst, den edelen Stamm zu erhalten.
Sonst entartet im Laufe der Zeit die spinnende Race,
Doch nicht brauchst du die Grains zahlreich zu hegen zur Zuchtung;
Saamen zu vielfacher Brut gebiert eine einzige Mutter,
Hundert Eier zur Zucht wird jede ergiebig dir legen,
Davon hefte zusammen, so viele geeignet zur Brut sind,
Mit der Nadel sie reihend an durchgezogenen Faden.
Aber verfahre mit Schonung, berührend den äußeren Saum nur
Fein mit bohrender Nadel, damit nicht etwa das Eisen
Innen verletze die Larve und alle richte zu Grunde.
So an einander gereiht, verwahre sie sorglich im Kühlen,
Sei's im Keller des Weins, sei's in verwitterter Grotte,
Welche der Berg verschließt dem wärmenden Strahle der Sonne.
Man erzählet, wie einst die neugeschaffenen Raupen
Weidet' im schattigen Thale des Ida die goldene Venus,
Ringsum spielte das lose Gefolge des reizenden Amor;
Bald mit sorgender Huld verstreuend das liebliche Futter,
Bald die kriechende Schaar liebkosend mit streichelnden Händen,
Breitet zum Lager sie aus den Pfühl der duftigen Blumen.
Arglos schweifen indeß (abwesend war grade der Vater)
Unbefangenen Sinns die Raupen bald hierher bald dorthin
Und verwickeln sich drängend im hohen Geflechte der Reiser;
Plötzlich hört man ein Krachen, es brechen zusammen die Brücken,
Nieder stürzet der hohe Pallast der seidenen Spinner
Und am Boden entseelt (o Jammer) liegen die Raupen.
Als rückkehrend vernommen die Mutter den töblichen Einsturz
Und von weitem erblickt im Blute schwimmen die Räume,
Ausgestorben das ganze Geschlecht und jeglichen Nachwuchs,
Rings zerstoben die Mägde und weit zerstreuet die Kinder,
Welche sich bange geflüchtet in bergende Stille der Wälder,
Stand verzweifelt sie da, durchzuckt von gewaltigem Schmerze.
Flugs erfüllte sie rings wehklagend Idalia's Höhen,
Suchend im rasenden Schmerze die Kinder und suchend die Mägde,
Tage und Nächte hindurch getrieben von quälender Unruh,
Richtet sie eitele Fragen und Klagen an schweigende Fluren,
Ja sie steiget hinab zum düsteren Hause des Pluto,
Wo die trauernden Seelen verweilen, im Tode verschieden,
Schatten der Menschen und was sonst lebet, in Wasser und Lüften,

Aegra adiit, quo moestae animae post fata feruntur
Squamigerum pecudum, atque hominum, vitaeque volantum;
Si forte ipse sibi patruus rex maximus Orci
Annueret paucas animas in tarda reverti
Corpora, ut inde novam sobolem revocaret in auras.
Jamque ibant umbrae tenues Styga circumfusae
Obscuram, nigrosque lacus, et rauca fluenta.
Tum dominae adventu laetae circum ora volantes
Nondum oblitae alis plausere, et signa dederunt
Laetitiae nondum trans livida flumina vectae.
Agnovit Venus, et secum est laetata repertis.
Quam Saturnius horrentis regnator Averni
Ut procul aspexit, multo est dignatus honore,
Permisitque animas in corpora tarda reverti
Rursus, ut extinctam sobolem revocaret in auras,
Seminaque his generis penitus repararet adempti.
Utque sequi possent dominam supera alta petentem,
Corporibus geminas renovatis addidit alas.
Hanc legem posuit tamen, ut genus omne quotannis
Alitis in faciem se post opera atque labores
Verteret, et nigros Orci bis visceret amnes.
Ut quosdam populos in Hyperborea Pallene
Esse ferunt qui se ut novies Tritonide in unda
Merserunt, natis tollantur in aëra pennis.
Nonne vides, cum carceribus exire reclusis
Instant ardentes, quanta nitantur opum vi?
Clausa obstat domus, et fili densissimus ordo.
Nec mora, nec requies, vestigant omnia circum,
Explorantque aditus omnes, si qua potis extra
Rumpere, et optatae rursum se reddere luci.
Ecce autem ut rostro follem terebravit acuto,
Protinus erumpit (visu mirabile monstrum)
Alitis in parvae bombyx collecta figuram,
Et nova se rerum facies mirantibus offert.
Nam quae longa fuit tinea olim, fit levis alis
Papilio tineae pallentes concolor artus.
Ergo carceribus cum rupit multa viam vis,
Et sese caecis populi eripuere tenebris
Aligeri, atque iterum lucis venere sub auras,
Haerent attoniti rerum novitate, neque audent

Ob der hohe Beherrscher des finstern Reiches erlaube,
Einigen Seelen zu kehren zurück in irdische Leiber,
Daß aus ihnen ein neues Geschlecht erfülle die Lüfte.
Schon erblickte sie dichtes Gedränge am Stygischen Flusse,
Wo am dunkelen See hinzogen die luftigen Schatten.
Da nun flatterten freudig entgegen der nahenden Herrin,
Diesseits weilend annoch des neidischen Stromes, die Seelen,
Welche noch nicht vergessen der Freuden des irdischen Lebens,
Venus erkannte sofort mit jubelnder Freude die ihren;
Als von ferne sie sah des finstern Avernus Beherrscher,
Ging entgegen er ihr, mit Ehren empfangend die Göttin
Und gewährte in Huld zurückzukehren den Seelen
Wieder in sterbliche Leiber, auf daß ein neues Geschlecht flugs
Wieder ersetze die jüngst erstorbenen Stämme der Raupen,
Und damit sie die Herrin begleiten könnten nach oben,
Lieh den erneuerten Leibern er gnädig doppelte Flügel,
Machte jedoch zur Bedingung, daß jährlich das ganze Geschlecht sich
Wandle in fliegende Thierchen, sobald vollendet die Arbeit,
Zweimal steige hinab, zu schauen die Ströme des Orkus:
Wie man fabelt von Völkern im hohen Norden Pallene's,
Welche sobald neunmal sie getaucht in die Welle des Triton,
Flügel bekommen und sich erhebend durchschneiden den Luftraum.
Siehe, wie alle Gewalt anwenden die strebenden Thierchen,
Wenn zu verlassen den berstenden Kerker der mächtige Trieb drängt!
Aber sie hemmt das schließende Haus, die Netze der Fäden
Ohne Ruh noch Rast versuchen sie rings an den Seiten
Jeglichen Gang ausspürend, ob irgend wo sie vermöchten
Auszubrechen und wieder zum lieblichen Lichte zu bringen.
Schau sobald sie gebohrt mit spitzigem Rüssel ein Loch sich,
Bricht sie heraus sofort (ein seltsam Wunder zu schauen)
Und die verwandelte Raupe sie beut, versehen mit Flügeln,
Staunendem Auge der Menschen den neugestalteten Anblick.
Denn was eben gewesen ein langhin kriechender Wurm noch,
Ist ein Schmetterling nun, gleichfarbig der Raupe am Körper.
Wenn nun also gesprengt den Kerker mächtig die Flügler
Und, entronnen der finsteren Hülle des kriechenden Schwarmes
Wieder ans heitere Licht des Tages hindurch sich gerungen,
Sitzen verwundert sie da, des neuen Lebens genießend,
Wagen noch nicht empor zu flattern zum offenen Himmel,

Remigio alarum se aperto credere cœlo.
Dissimilesque sui tacite nova corpora secum
Mirari, forma nec sese agnoscere in illa.
Cornua mirantur fronti, mirantur et alas,
Et vires nil supra audent tentare priores
Diffisi, memoresque sui, sed tum neque gustant
Pabula, nec vitæ quærunt alimenta prioris:
Tantus adhuc memores timor atri detinet Orci.
Nunc etiam ante oculos Styx livida, nigraque regna,
Tartareique canis tria guttura, monstraque Ditis
Impacata, brevis ne vitæ gaudia quærant.
Idcirco aligeræ neque frondem suffice genti
Incassum, neque potandos admoveris amnes.
Carpe manu resides, et funibus insidentes,
In tabulamque refer stratam velamine molli.
Quippe ubi subtracto se rursum ad fata vocari
Senserunt victu, turbantur, tum simul omnes,
Excidium veluti cælo terrisque propinquum
Immineat, cum supremo mortalia cuncta
Una dies dabit exitio, multosque per annos
Sustentata ruet perituri machina mundi,
Attoniti dubiis properant succurrere rebus.
Concubitu indulgent omnes, ut semina gentis
Munere defuncti vitæ post fata relinquant,
Et servare genus valeant, stirpemque tueri.
Nec vero, velut in silvis genus omne ferarum,
Alituumque, vagos passim furantur amores,
Sed connubia certa, sed electi hymenæi:
Ille suam tenet, illa suum, dulcique fruuntur
Amplexu caudis ambo per mutua nexis.
Instant, et validis juncti compagibus hærent.
Nec Veneris brevis usus erit, videre revincti
Quartam sæpe diem, nec quas legere relinquent,
Donec uterque cadat, neque enim, si viribus haustus
Mas prior occiderit, longum tamen ipsa superstes
Fœmina erit, sed ubi concepta effuderit ova.
Nulla mora, amplexu nondum divulsa sequetur.
Idem omni interitus generi, fata omnibus æqua.
Aspicies miserans confusa cadavera passim
Procubuisse toris genialibus, omnia primum

Und bewundern im Stillen bei sich die verwandelten Leiber
Und erkennen sich selbst, befremdet, in dieser Gestalt kaum:
Staunend sehn an der Stirne sie Hörner, staunend die Flügel,
Und getrauen sich selbst nichts über die frühere Kraft zu;
Fortan mögen sie nicht mehr genießen die Blätter des Maulbeers,
Noch das nährende Futter des früheren Lebens berühren;
Solcher Schrecken erfüllt sie, gedenk des finsteren Orkus,
Immer noch schwebet vor Augen der Styx des düsteren Reiches,
Cerberus dreifacher Rachen und grausige Schrecken des Pluto,
Daß die flüchtigen Freuden des früheren Lebens sie meiden.
Deshalb reiche fortan kein Laub dem flatternden Schwarme,
Denn sie mögen es nicht, noch reiche fließendes Wasser;
Wenn in Ruhe sie sitzen auf ihren Gestellen, so nimm und
Trage sie sanft auf ihr weichausgepolstertes Lager;
Denn sobald sie bemerkt am Vorenthalten der Speise,
Daß sie bestimmt von neuem dem Tode, ergreift sie Entsetzen
Und gleichwie wenn Himmel und Erde nahten dem Einsturz
Und hinsinket in Trümmer die ewig scheinende Welt nun,
Also eilen erschreckt sie vorzubeugen dem Unheil:
Alle begatten sich flugs, damit der Saamen des Stammes
Uebrig bleibe, wenn selber erreicht sie das Ende des Lebens,
Und fortdaure gesichert der Stamm des schwindenden Volkes.
Doch nicht wie in dem Wald die Brut des hausenden Wildes
Noch wie Vögel genießen sie unstät schweifender Liebe,
Sondern im festen Verein verbindet sie stäte Vermählung,
Männchen halten an Weibchen und Weibchen halten an Männchen,
Süß umschlungen umarmen sich beide in Liebe verbunden,
Und im festen Verband umschlingen sich liebend die Pärchen
Nicht zu kurzem Genuß, man sah oft viere der Tage
Festumschlungen sie hangen und nimmer einander verlassend,
Bis ermattet sie beide; denn wenn erschöpfet das Männchen
Erst dem Tode verfällt, wird auch nicht lange am Leben
Bleiben das Weibchen hinfort; sobald die Eier gelegt sind,
Folget es ohne Verzug noch mitten in süßer Umarmung.
Alle verfallen demselben Tod, dem gleichen Geschicke;
Schauen wirst du betrübt die rings zerstreueten Leichen,
Niedergestreckt entseelt auf lebenzeugendem Bette;
Trage sie alle hinaus, mit Ehren die Todten bestattend,
Denn sie haben vollbracht, was ihnen im Leben bestimmt war.

Sedibus exportato, et tristia funera ducito.
Illis namque operum est cunctorum finis et ævi.
At vero quæ infusa vides mantilibus albis
Semina ceu milii exigui tenuissima coge.
Hæc tibi post annum soboles spes certa creandæ.
His etenim sese reparat moribunda quotannis
Seminibus, sobelesque venit nova semper ad auras.
Abde domo, his aptam super omnia delige sedem,
Quo neque sint aditus torrenti æstate calori,
Nec Boreæ bruma in media, contraria vis est
Utraque seminibus servandis, frigora dira
Vim genitalem omnem perimunt, frustraque fovebis
Semen inane calor vero si admissus in ova
Paulatim sese insinuet, parva est mora, proles
Ante diem superas incassum rumpet in auras,
Cum frondes jam consumptæ, cum pabula siluæ
Deficiunt, et tonsa comam Thisbeia nudos
Ostentat ramos populatis frondibus arbor,
Quod si spes generis defecerit omnis ubique,
Seminaque aruerint Jovis implacabilis ira,
Sicut apes teneri reparantur cæde juvenci.
Hic superaccedit tantum labor, ante juvencus
Bis denosque dies, bis denasque ordine noctes
Graminis arcendus pastu, prohibendus ab undis.
Interea in stabulis tantum illi pinguia mori
Sufficiunt folia, et lactenti cortice ramos.
Viscera ubi cæsi fuerint liquefacta, videbis
Bombycem fractis condensam erumpere costis,
Atque globos toto tinearum effervere tergo,
Et veluti putres passim concrescere fungos.
Quod superest moneo generis tibi semina sunto
Annua, degenerant supra annum condita, et inde
Omnis abit vigor, atque intus vitalis hebet vis.
Tum vero lætas exercent fila puellas,
Haud brevis hic labor, exhausti cui nil satis unquam,
Dum redeat moro attonsæ nova vere iuventus.
Folliculos primum domitant ferventibus undis,
Filaque devoluunt nigris fumantia ahenis,
Tum currente rota torquent, eademque retorquent,
Stamineque implicito cura est dissolvere nodos.

Aber den Saamen, gelegt auf weißgebreitete Linnen,
Gleichend den schmächtigen Körnern des Hirse hebe dir wohl auf!
Dieser enthält Nachwuchs, erblühend für's kommende Jahr dir;
Denn aus diesen erneuert alljährlich die sterbende Brut sich,
Welche, sich ewig verjüngend das Licht von neuem erblicket;
Berge sie wohl verwahrend an auserlesenem Orte,
Wohin dörrende Hitze nicht bringt im heißeren Sommer,
Noch auch Kälte im Winter, denn beides schadet den Eiern;
Grausiger Frost zerstört die zeugenden Kräfte des Saamens,
Eitel ist alles Bemühn, die frostigen Eier zu pflegen;
Wenn dagegen die Wärme allmählig trocknet die Eier,
Wirst in kurzem du sehn, wie treibend sämmtliche Brut dir
Unreif kommet ans Licht, vorzeitig reifend und fruchtlos,
Wann schon welket das Laub und fallen die Blätter des Waldes
Und der böotische Baum schon kahl entblätterte Zweige
Streckt zum Himmel empor, beraubt des grünenden Laubes.
Doch wenn jegliche Hoffnung geschwunden auf weiteren Nachwuchs
Und verdorret der Saame vom Hauch des zürnenden Himmels,
Wird ein geschlachtetes Rind sie gleich den Bienen ersetzen.
Aber beachte hiebei: es ist vor allem die Färse
Zwanzig Tage und Nächte hindurch in stätiger Folge
Fern zu halten der Weide und fern von jeglicher Tränke;
Unterdeß werden im Stalle gereicht vom fettigen Maulbeer
Nährende Blätter in Fülle und milchige Rinde der Zweige;
Aber sobald verwesen die Eingeweide des Rindes,
Dringen aus berstenden Seiten hervor die Schwärme der Raupen,
Und es kribbeln und krabbeln am Rücken gewunden die Knäuel,
Schwammigen Pilzen gleich entsprießend dem quabbelnden Leichnam.
Uebrigens rathe ich dir, nur jährigen Saamen zu ziehen,
Leicht entarten die Eier, verwahret über ein Jahr lang,
Alle Frische entschwindet und Kraft des zeugenden Triebes.
Fortan spinnen die Seide behend die munteren Mädchen,
Lange dauert die Arbeit und nimmer vollendet das Werk sich,
Bis verjüngend im Lenze sich wieder belaubet der Maulbeer.
Erstens wird der Kokon im siedenden Wasser erweichet,
Dampfend quellen die Fäden der Seide im ehernen Kessel;
Hierauf spinnen die Mädchen den Stoff am schwirrenden Rädchen,
Wohlbeflissen die Knoten zu lösen am dichten Gespinnste.
Drauf erfordert am Ende das Weben die letzte Bemühung,

Hinc vocat extremum tandem textura laborem,
Intenduntque nurus discretas pectine telas
Multifido, radiisque sonantibus intertexunt
Jactantes dextra, lævaque sequentia' fila,
Alternisque suus pedibus labor additus, atque
Desuper acta gemit tereti rota garrula nervo.
Nec mora, certantes properant, falluntque laborem
Aut cantu, aut Veneris curæ narrantur inanes.
Nec modus est simplex texendi, nec genus unum
Telarum, nunc rasa vides, et levia texta,
Nunc pexis, leviterque attonsis mollia villis.
Quin etiam varios tenui subtegmine pingunt
Nexilibus flores hederis, silvasque virentes,
Pomaque, graminaque, et cervos, capreasque fugaces.
Adde velut nebulas tenues velamina textu
Rara, quibus matres crines et tempora velant,
In templisque Deum prohibent a pulvere vultus.
Vidi etiam varium quæ mutant texta colorem,
Eluduntque oculos, ut discolor aura refulsit.
Quid sequar ulterius? nil vis humana reliquit
Intactum, filum tunicis includitur aureis,
Indutæque rigent fulvo sub tegmine vestes,
Ut quondam Phryxi de finibus Aëteis
Vecta ovis aurato fulgebat pectora villo,
Pectoraque, et pexo pallentia terga metallo.
Et dubitant matres pinguem serere undique morum,
Aut inter teneras bombycem ferre papillas?
Quid mirum, si jam totum diffusa per orbem
Saturni et Veneris pascunt pecora aurea gentes?
Mollia nec soli noverunt stamina Seres.
Lanivomum ipsa genus Saturni munere magno
Jamdudum super Idalium, super alta Cythera
Transtulit et Venus, et nostras penetravit ad oras.
Quippe olim (sed fama annis obscura) regebat
Felices Seras læti ditissimus agri
Serius antiquo patriæ de nomine dictus.
Mox acri infelix Phaëthusæ incensus amore
Italiam petiit, postquam illam ad flumina magni
Audiit Eridani correptum fulmine fratrem
Flere diem noctemque, Jovis fera tela querentem.

Und es spannen die Frauen mit vielgezahnetem Kamme
Schlichtend das zarte Gespinnst und weben mit schwirrendem Schiffchen,
Rechts einschlagend und links die willig folgenden Fäden,
Und im wechselnden Tritt arbeiten von unten die Füße;
Drüber schnurret geschwätzig das Rad von Sehnen getrieben,
In geschäftiger Eile wetteifern die webenden Mädchen
Und verkürzen die Zeit mit Singen und Liebesgeschichten.
Mehrfach treiben die Kunst und Weise zu weben die Meister:
Bald erglänzet der Spiegel des glattgewebeten Zeuges,
Bald ist wollig und weich geschoren die flockige Seide,
Rankende Blätter und Blumen und grünbelaubete Bäume,
Prangende Früchte und Kräuter und flüchtig eilende Hirsche,
Seidene Schleier auch, durchsichtigem Nebel vergleichbar,
Fertigen webende Frauen, das lockige Haupt zu verhüllen,
Und im Tempel der Götter vor Staub zu wahren das Antlitz.
Ja von wechselnder Farbe auch hab' ich gesehen Gewebe,
Welche im Wechsel des Lichts erglitzernd blenden das Auge.
Was soll weiter ich sagen? nichts hat die menschliche Kraft je
Unversuchet gelassen; in goldgewirkte Gewänder
Webt man seidenen Stoff, es prangen die schweren Brokate,
Wie einst glänzte der Widder im fernen Reiche Aeetes,
Golden an zottiger Brust und golden am gelblichen Rücken,
Welche der Ritter geholt des goldenen Bließes Jason,
Und es tragen Bedenken die Frauen zu pflanzen den Maulbeer,
Oder die spinnenden Raupen an hegender Brust zu erwärmen?
Wundert ihr euch, wenn weit und breit die Völker der Erde
Weiden bereits Saturnus und Venus goldene Heerden?
Und nicht Serer allein ausweben die zarten Gespinnste;
Hat doch selber die Göttin die spinnende Brut des Saturnus
Längst auf Idalia's Höhen verpflanzet und auf Cythera;
Und von dorten gelangte die Gabe an unsere Küsten.
Einst regierte — (das Alter hat schon die Sage verdunkelt) —
Serius, reich an Land, die glückgesegneten Serer,
Welcher den Namen erhielt vom alten Namen des Landes.
Bald entbrennend unselig in heftiger Lieb' Phaethusens,
Ging nach Italien er, sobald er vernommen, daß dort sie
Am Eridanus-Strom den Blitz-getroffenen Bruder
Tag und Nächte beweine, voll Klagen ob Jupiters Härte.
Doch kaum hatt' er erreicht Ausoniens blühende Fluren,

Sed vix Ausonios fines, Oenotriaque arva
Attigerat, novus ecce illi cum perculit aures
Rumor, virgineam formam amisisse puellam,
Protinus et longos ad coelum tendere ramos
Pro manibus, duroque includi pectora libro.
Ah miseram, subito stetit acri corda dolore
Saucius, insignemque a pectore rupit amictum
Pictus acu molles tunicas opera aurea Serum.
Tum viridi in ripa, carae sub virginis umbra
Implevit coelum questu, dilectaque frustra
Robora complexus tereti dabat oscula ligno,
Et tenero ereptos in cortice flebat amores
Infelix, non sceptra animum, non regna parentum
Alta movere queunt, nec optimae copia gazae.
In patriam negat ire, placet tantum Itala tellus.
Nec procul Eridani ripis absistit, et omnem
Vitam agit in lacrymis, bis senos ordine menses
Illum adeo perhibent solos flevisse per agros,
Et tandem superos extrema voce precatum,
Neve oculis lacrymae, neu deesset luctibus humor
Perpetuus, superis quae vota audita repente.
Perstat in incepto: gemitu nemora omnia complet.
Non oculis lacrymae, non de fit luctibus humor.
Solvunt se in lacrymas artus, et corpore toto
Liquitur humor, abitque omnis conversus in undas.
Fit fluvius, cursuque brevissimus exit in alveum
Addua magne tuum, et tecum in vada solvitur alti
Eridani, adque pedes Phaëtusae humectat amatae
Flumine turrigerae radens sata culta Cremonae.
Mansit amor, veteres amni mansere colores.
Saepe illum fama est clausam sub cortice Nympham
Tentasse, optatum mox ascendisse cubile,
Tandem juncta Dryas fluvio est; licitisque hymenaeis
Egressam rupta Divam Deus arbore duxit.
Cui picturatas vario subtegmine vestes,
Illusasque auro tunicas, et tenuia laetae
Texta dedit missa a patriis sibi munera terris,
Paucaque praeterea bombycis semina donis
Addidit, ostendens hujus quis muneris usus.
Ipsa eadem egregias longo post tempore natas

Siehe, da kam ihm zu Ohren von neuem erschütternde Kunde,
Daß verloren das Mädchen Gestalt und Gemächte der Jungfrau
Und verwandelt empor zum Himmel strecke, statt Hände,
Weitausgreifende Aeste, das Herz umstarret von Rinde.
Welch' ein Jammer, da stand er durchwühlt von rasendem Schmerze,
Riß vom Leibe herab die goldgestickten Gewänder,
Weichanschmiegende Stoffe der seidespinnenden Serer.
Hier am grasigen Ufer, im Schatten der lieblichen Jungfrau,
Sandte er Klagen zum Himmel, den Stamm umfangend des Baumes,
Drückte er glühende Küsse auf zarte Gezweige des Stammes
Und beweinte — der Arme! — an's Holz verschwendete Liebe.
Schon vermögen sein Herz nicht Scepter noch glänzende Herrschaft,
Noch auch Schätze der hochgeborenen Eltern zu rühren,
Vaterland widert ihn an, Italien liebet sein Herz nur!
Nieder sich lassend nicht weit von Eridanus Ufern verbringt er
Unter Thränen hinfort sein Leben, auf einsamen Fluren
Soll er ein ganzes Jahr getrauert haben, am Ende
Mit hinsterbender Stimme anflehend die Gnade der Götter,
Daß nie Thränen den Augen, den ewig trauernden, fehlten!
Unablässig erfüllt er klagend Fluren und Haine,
Nie versiegen die Thränen den ewig trauernden Augen
Und es lösen in Thränen sich auf die Glieder, es rinnet
Nässe herab vom Leibe, er wandelt sich um zu Gewässer,
Fluß geworden ergießet er sich nach kurzem Verlaufe
In dein mächtiges Bett, o Abdua; balde vereinigt
Mit dem Eridanus netzet er liebend den Fluß Phaetusen's
Und bewässert die Fluren des Thürme=gekrönten Cremona's;
Doch noch bleibet die Liebe, es bleibet dem Flusse die Wärme;
Denn es gehet die Sage, daß oft er versuchet die Nymphe
Unter der Hülle des Baums und oft das Lager erstiegen,
Bis sich endlich vermählte der Fluß der reizenden Dryas
Und in förmlicher Ehe der Gott nun freite die Baumnymph'.
Ihr verehrte er nun die buntgestickten Gewänder,
Kleider gewirkt in Gold und feine Gewebe, die häufig
Ihm aus heimischen Fluren als holde Geschenke man sandte,
Fügte auch Saamen hinzu der Seidenraupe und zeigt ihr,
Wie man zöge daraus die seidespinnenden Thierchen.
Später belehrte sie selbst hinwieder die lieblichen Töchter,

Seriadas docuit patris de nomine dictas.
Mox illæ Ausonias passim sparsere per urbes,
Et morum umbrosam latos severe per agros,
Unde sacri viridem vates petiere coronam,
Et meritis gratas sibi devinxere puellas.

Seriaden genannt vom Namen des Serischen Vaters.
Bald verbreiteten sie's durch alle Ausonischen Städte
Und verpflanzten auf alle Gefilde den schattigen Maulbeer,
Welchem die heiligen Sänger entnahmen die grünende Krone,
Flugs nachdem sie gewonnen die Gunst der erkenntlichen Jungfraun.